SHAKUNTALA DEVI

Éveillez le génie qui est en votre enfant

Traduit de l'anglais
par Ned Flaunders

J'AI LU
Bienêtre

Introduction

On ne compte plus les théories et les écoles de pensée sur la manière idéale d'éduquer les enfants. La plupart se fondent sur les hypothèses suivantes : les enfants ont besoin de professeurs pour apprendre, l'éducation est quelque chose qui est donné aux enfants, et si exceptionnellement l'un d'eux a du génie, la grande majorité disposent de facultés moyennes. Shakuntala Devi remet en cause ces trois postulats en affirmant que tous les enfants naissent avec une aptitude au génie ! Au fil des pages, non seulement elle défend son point de vue de manière convaincante, mais elle montre aussi au lecteur, au parent, comment s'y prendre pour éveiller ce génie, elle propose des outils et des techniques qui ont fait leurs preuves. Mme Devi nous entraîne ainsi dans un revigorant voyage d'exploration, à la découverte des formidables capacités du cerveau. À mesure que vous mettrez en pratique les concepts exposés dans ce livre, le mot éducation retrouvera tout son sens véritable et originel, du latin *educare,* qui signifie « tirer hors, faire sortir (ce qui était à l'intérieur) ».

Les conseils de Shakuntala Devi sont destinés à tous les parents, mais certaines informations traitant de l'expérience scolaire ne concernent pas les parents d'enfants qui ont des difficultés d'apprentissage. On estime que ces difficultés sont dues à des anomalies cérébrales, mineures ou modérées, qui provoquent un affaiblissement de certaines facultés d'assimilation. Ces faiblesses sont d'ailleurs souvent compensées par des capacités dans d'autres domaines, comme l'orientation spatiale et les activités physiques. Si vous pensez que votre enfant souffre de difficultés d'apprentissage, de dyslexie par exemple, n'hésitez pas à consulter un spécialiste. Il est parfois judicieux de solliciter une seconde opinion, car ces phénomènes s'avèrent délicats à évaluer : ils sont souvent sous-estimés ou surestimés. Un professionnel qualifié vous fournira les recommandations qui, en association avec les exercices de ce livre, vous aideront à reconnaître et à stimuler les atouts de votre enfant.

Car quels que soient son niveau et son âge, le livre de Shakuntala Devi propose des concepts et des outils efficaces pour lui permettre de s'épanouir. À l'usage, vous allez vous apercevoir non seulement que vous éveillez un génie, mais aussi que vous nouez avec votre enfant une relation plus forte et plus étroite. Et quel plus beau cadeau un parent peut-il espérer ?

Jennifer DAY

1

Un don du ciel

Le saviez-vous ? *Vous pouvez faire de votre enfant un génie.* Méditez cette pensée énergique. Laissez-la pénétrer en vous. Intégrez-la à votre processus mental. Ni vous ni votre enfant ne pourrez en douter, pour une bonne et simple raison : c'est la stricte vérité.

Toutes les grandes religions considèrent l'enfant comme un don du ciel. Rien d'étonnant à cela. Depuis l'instant où le nouveau-né voit le jour, le miracle de la création s'impose à nos yeux. Le bébé possède une personnalité unique, il agite les bras et les jambes, exprime ses besoins, réagit au monde qui l'environne, apprend chaque jour de nouveaux « tours » et grandit à un rythme stupéfiant ! Au cœur de ce miracle, on trouve une force phénoménale, véritable merveille de la nature : le cerveau.

De tout notre être physique, le cerveau est probablement la partie la plus mystérieuse… et la plus couramment utilisée. Composé de tissus blancs ou grisâtres, ce fabuleux champignon pèse en moyenne un kilogramme et demi, compte environ 30 milliards de neurones (ou cellules nerveuses) et au moins 150 milliards de cellules gliales (qui relient les neurones entre eux). Libérées, les pensées contenues dans un seul cerveau surpasseraient en nombre tous les échanges téléphoniques du monde et ridiculiseraient l'ordinateur le plus puissant. Et votre enfant naît doté d'un tel prodige ! Ce don du ciel est un réservoir infini où il peut puiser pour apaiser sa soif éternelle de connaissances. C'est une fenêtre par laquelle il peut découvrir les moyens innombrables qui lui sont proposés pour réaliser ses rêves et ses aspirations.

À condition toutefois que vous soyez là pour le guider et l'aider à développer cette richesse inépuisable ! Et vous réussirez si vous y croyez. Cette confiance, transmise à votre enfant, jouera un rôle essentiel dans la réalisation du potentiel extraordinaire qui réside en lui – le potentiel d'un génie !

Le dictionnaire *Larousse* définit ainsi le génie : « Aptitude naturelle pour une chose ; puissance créatrice en général ; caractère propre et distinctif d'un être, d'une chose ; personne de génie. » Le *Robert* parle quant à lui de « l'ensemble des tendances caractéristiques d'un individu, d'un groupe, d'une réalité vivante ; aptitude supérieure de l'esprit qui rend quelqu'un capable de créations, d'inventions qui paraissent extraordinaires ».

Tout être humain dispose d'une « aptitude naturelle », d'un « caractère distinctif ». Sur le plan scientifique, on retiendra que le cerveau contient une « puissance créatrice » qui rend une personne « capable d'inventions extraordinaires ». Mais sur une note plus spirituelle, le génie, c'est aussi le *bon génie*, sorte d'esprit tutélaire, ange gardien, muse inspiratrice, protecteur susceptible d'influencer notre destinée...

Que l'on se place d'un point de vue scientifique ou spirituel, il est clair que nous avons tous une *capacité* au génie. Si nous ne nous comportons pas tous comme tels, c'est que la plupart d'entre nous n'ont pas eu la chance de voir ce potentiel sollicité, nourri et stimulé au moment où il était le plus malléable : pendant l'enfance. Nos parents ne savaient pas qu'un génie nous habitait, ou bien ils n'ont pas cru en son pouvoir. Nous sommes souvent remplis d'étonnement et d'admiration devant un enfant que l'on nous présente publiquement comme un « prodige » : un gamin de huit ans qui donne son premier concert au Carnegie Hall ou tel autre qui décroche son diplôme universitaire à douze ans. Tandis que nous nous émerveillons de ces exploits, nous oublions souvent de prendre en considération le rôle important joué ici par un parent, un parent qui croyait au génie.

Quels que soient les dons et les aptitudes de votre enfant – et chaque individu est unique –, celui-ci peut briller par son talent. Fortement soutenu par votre amour et votre confiance, il n'aura pas à souffrir de ces complexes d'infériorité ou d'imperfection qui peuvent constituer des barrières à la réussite. Au contraire, il construira une image de lui-même positive et gagnera l'assurance nécessaire pour libérer ce potentiel inexploité qui sommeille en lui.

Il y a quelques années de cela, j'ai rencontré une mère de famille à la fois douce et aimante. Elle encourageait sa fille de douze ans à étudier, à prendre part aux excursions organisées par l'école, à écrire des poèmes et des rédactions, à résoudre des problèmes mathématiques complexes. Pourtant, elle m'a confié son désarroi :

— Ma fille ne réussit pas bien à l'école. Ses notes sont médiocres. Qu'est-ce que je peux faire de plus ?

J'ai écouté avec attention ce qu'elle me disait. Puis je l'ai prise en aparté, afin que sa fille n'entende pas notre conversation. Je lui ai fait compliment de ses efforts.

— Toutefois, si vous voulez bien me pardonner cette remarque, j'aimerais vous signaler une chose qui vous manque.

— Quoi donc ?

— La foi. Une foi inextinguible dans les capacités de votre fille. Vous la poussez à toutes ces activités de l'esprit. En même temps vous la retenez parce que vous n'avez pas confiance en elle.

— Mais alors que faire ?

— Croire en elle. Et si vous êtes sincère, vous allez exprimer cette confiance à travers tout ce que vous direz ou ferez. Jusqu'à présent, elle s'est contentée de vous obéir, elle a exécuté ce que vous lui demandiez...

mais sans plaisir, sans en comprendre les enjeux. Sans vraiment y croire et surtout sans croire en elle-même. Le cœur n'y était pas.

— Je vois! Vous m'avez ouvert les yeux!

Mon conseil n'avait rien d'extraordinaire. Ce n'était que la simple vérité. Vous ne ferez jaillir le génie de votre enfant que si vous vous en estimez capable. Votre enfant ne croira en lui que si vous croyez en lui. Il possède déjà les facultés mentales offertes par la nature, un cerveau capable d'une immense puissance intellectuelle. Oui, votre enfant recèle en lui un formidable gisement d'invention et d'imagination, mais ce sont votre soutien, votre apport personnel, qui lui permettront d'exploiter pleinement ces filons enfouis.

Lorsque vous dispensez votre enseignement, vous aurez beau expliquer tel ou tel sujet avec patience et longueur de temps, si, en bout de course, ouvertement ou non, vous vous lamentez sur la médiocrité de votre élève, vous réduirez à néant tous vos efforts. Vous l'amenez à croire qu'il n'est pas intelligent. Résultat? Un bulletin scolaire médiocre, conséquence directe de ce bourrage de crâne et de vos attentes. Vous n'obtiendrez de bons résultats qu'en inculquant votre confiance à votre enfant.

Jawãharlãl Nehru et sa fille Indira Gãndhi nous offrent à ce sujet un exemple frappant. Le grand chef d'État indien croyait en sa fille. Il était persuadé qu'un jour elle deviendrait Premier ministre. À son tour, elle s'est mise à y croire... Un autre exemple plus récent est celui du producteur-réalisateur Steven Spielberg: sa mère pensait qu'il n'y avait pas de limites au potentiel de son fils. Dans les deux cas, on connaît la suite!

Il y a bien sûr des exceptions. Ernestine Schuman-Heink fut rejetée très jeune par son professeur de chant, qui lui conseilla de retourner à sa machine à coudre. Au dire de ce professeur, elle n'avait aucun don pour l'art lyrique et serait plus à sa place comme couturière. Mais la jeune fille avait foi en ses capacités, et cette foi a renversé les obstacles. Elle est devenue une des plus grandes cantatrices de son temps.

Seulement tout le monde n'a pas une telle détermination. Et par simple manque de conviction, vous risquez d'étouffer un génie. Inversement, si vous êtes persuadé(e) du potentiel de votre enfant, vous serez comme le soleil dont les rayons caressent une fleur pour l'aider à s'épanouir.

Tous les parents rêvent d'avoir un génie. Mais bien peu ont conscience que la réalisation de ce rêve commence par eux. Ce sera la conclusion de ce chapitre.

En résumé, vous disposez de trois éléments clés :

1. Croyez en votre capacité à éveiller le génie chez votre enfant.
2. Croyez en sa capacité à devenir un génie.
3. Ne vous autorisez jamais à dire ou à penser que votre enfant est médiocre.

Ces trois règles solidement ancrées dans l'esprit, vous voilà prêt(e) à vous lancer dans la plus enthousiasmante des aventures : l'éclosion du génie en votre enfant !

2

Mon enfant de trois ans sait lire !

Aimeriez-vous être un de ces parents qui s'exclament avec fierté : « Mon gamin de trois ans sait lire ! » ? Si c'est le cas, sachez que cet objectif est très probablement à votre portée. Toutefois, avant d'aller plus loin, il faut absolument que vous vous posiez une question importante : « Pourquoi ai-je envie que mon enfant lise très tôt ? » Afin de répondre en toute sincérité, vous serez peut-être obligé(e) de fouiller au plus profond de vous-même. Mais le jeu en vaut la chandelle. Connaître les raisons qui vous poussent à développer le potentiel de votre fils ou de votre fille est un élément essentiel au succès de l'entreprise. En effet, votre motivation aura un impact irréversible sur votre enfant et sur toute sa vie.

En général, on souhaite que son enfant soit un génie parce qu'on veut le meilleur pour lui. Mais on veut aussi qu'il devienne un individu heureux, libre et épanoui. Quand cet objectif sera bien clair dans votre esprit, vous serez prêt(e) à accomplir le premier pas. Mais à chaque nouvelle étape, rappelez-vous ce principe fondamental : *Je veux ce qu'il y a de mieux pour mon enfant, donc je dois lui donner le meilleur de moi-même*. Gardez cette maxime présente à l'esprit et au cœur, répétez-la aussi souvent que possible. Mettez-la en pratique dans votre vie. Utilisez-la pour créer une atmosphère stimulante et pour accroître votre confiance en votre enfant. Sur cette base saine, vous ne manquerez jamais de nourrir son intelligence. C'est grâce à cette approche dynamique et généreuse que le génie de votre enfant pourra éclore.

Pour développer les capacités de votre tout-petit, vous pouvez appliquer les quatre points suivants :

1. Créer des conditions favorables

Pensez aux tulipes. Pourquoi poussent-elles si magnifiquement sur les terres de Hollande ? Parce que le sol, la température, le taux d'humidité et l'environnement sont idéaux. Elles fleurissent grâce à des *conditions favorables*. De la même façon, le génie de votre enfant s'épanouira grâce au milieu fertile que vous saurez créer.

2. L'incitation, oui ; les ordres, non

Un enfant est très sensible au ton sur lequel vous lui parlez. Apprenez à moduler votre voix pour prendre une intonation douce et encourageante. Si votre enfant se sent « obligé », vous n'obtiendrez jamais les résultats escomptés. L'apprentissage doit être une expérience agréable. Et il ne le sera jamais si l'enfant se sent contraint et forcé.

3. Avoir plus de patience que d'attentes

Les psychologues de l'enfance ont établi que jusqu'à l'âge de six ans environ (parfois plus) un enfant n'est pas capable de mobiliser son attention plus de deux minutes d'affilée (un élément que des émissions télévisées comme *Rue Sésame* ont pris en considération). Autrement dit, au bout de deux minutes, votre petite fille peut très bien se désintéresser de l'activité que vous lui proposez et choisir de jouer à la poupée. Ne la forcez pas à revenir à votre exercice : vous ne feriez que la braquer. Faites preuve de patience. Si vous placez la barre trop haut, votre enfant se sentira sous pression.

4. Dispenser le savoir avec amour

Les parents, c'est humain, ont tendance à faire des excès de zèle et à demander toujours trop. Dans votre désir, parfois même votre souci d'éveiller le génie de votre progéniture, vous risquez d'oublier un facteur déterminant : le bonheur de votre enfant. Faites preuve de réserve, rappelez-vous toujours l'amour que vous éprouvez pour lui. Laissez-vous guider par votre intuition. Pour votre enfant, le génie ne doit pas être un fardeau, mais un cadeau. Sachez transmettre vos connaissances comme vos encouragements avec tendresse. Un homme sage, sir Julian Huxley, a écrit : « L'humanité contient en elle les immenses possibilités de l'avenir, et il ne tient qu'à nous de réaliser ses promesses, à condition d'accroître notre savoir et notre amour. » Pourquoi ne pas essayer, par votre exemple, d'enseigner cette pensée profonde à votre surdoué en puissance ?

Nous vivons d'ores et déjà dans le monde du génie – monde toujours changeant, évoluant sans cesse. L'information nous parvient de tous les coins de la planète en une fraction de seconde. Beaucoup d'entre nous trouvent peut-être ce rythme trop effréné, mais pour le citoyen de l'avenir – votre enfant – cette vitesse semble normale. Ces flux d'informations font partie de la réalité de sa génération. La connaissance l'aide à comprendre le monde et à entrer en relation avec lui.

Au fil des siècles et des millénaires, la terre a connu l'ère glaciaire, l'âge de pierre, l'âge de bronze, etc. L'homme a évolué avec chaque époque, il a accepté et accompagné les grands bouleversements, en tirant souvent profit des circonstances pour améliorer son sort. Aujourd'hui, nous sommes entrés dans l'ère de l'information, avec ses nombreux moyens de communication – journaux, télévision, vidéos, ordinateurs. Pourtant ces médias restent des systèmes bien pauvres comparés au réseau d'analyse et de transmission le plus sophistiqué jamais créé : le cerveau. Tandis que des montagnes de données traversent les océans en moins de temps qu'il ne vous en faut pour lire cette phrase, le cerveau qui reçoit, digère et emmagasine cette masse d'informations se développe en proportion. Votre enfant est citoyen de l'âge de l'information depuis le jour de sa naissance. Il est entré de plain-pied dans un environnement qui va requérir le maximum de ses capacités. Si vous savez exploiter ce potentiel, alors ce sera du « gâteau » pour lui. Nous l'avons vu, c'est votre attitude qui va déterminer son comportement. Créez une atmosphère favorable, optez toujours pour une forme d'apprentissage ludique, bref suivez les quatre préceptes énumérés plus haut, et votre enfant deviendra un génie dans la joie et la bonne humeur !

Revenons à notre exemple sur la lecture. Vous vous demandez peut-être : « Que va gagner mon enfant en apprenant à lire dès le plus jeune âge ? » La réponse est simple : pour peu qu'il soit prêt, il a tout à gagner et rien à perdre. En l'initiant très tôt à la lecture, vous lui ouvrez la porte d'un monde de connaissances qu'il ne découvrirait normalement qu'à l'âge de cinq ans environ. Vous lui donnez une longueur d'avance. Par cette stimulation précoce, vous accroissez sa faculté d'imagination, vous élargissez son champ visuel (au sens imagé). Et le monde a besoin de visionnaires ! En restant fidèle au principe énoncé plus haut *(« je veux ce qu'il y a de mieux pour mon enfant, donc je dois lui donner le meilleur de moi-même »)* et à une approche ludique de l'enseignement, vous renforcez chez l'enfant un désir inné d'apprendre.

L'approche ludique est très importante à plusieurs points de vue. Je connais par exemple une mère qui ne manquait jamais une occasion d'instruire sa fille, que ce soit à l'heure des repas ou du bain, pendant qu'elle jouait aux Lego ou regardait la télévision... Cela ne diminuait en rien le plaisir de la petite fille, bien au contraire. En même temps, elle accroissait son vocabulaire et améliorait son orthographe. En saisissant au vol chaque occasion d'apprendre, la mère a consolidé chez sa fille le sentiment que l'observation et l'étude font naturellement partie de la vie. C'est une leçon bien précieuse, pour un enfant ! Aujourd'hui, la petite a onze ans. Pour elle, faire ses devoirs est une activité aussi agréable que de jouer avec ses amies. Je suis certaine qu'en grandissant, confrontée à des études supérieures plus exigeantes, elle ne connaîtra jamais l'angoisse de l'examen ni cette lassitude que provoque le sentiment du « je *dois* étudier ».

Autre raison importante de développer les qualités potentielles de votre jeune enfant : cela lui ouvre un vaste éventail de choix. En effet, grâce à ses connaissances, à ses capacités naturelles dûment exploitées et à sa grande confiance en lui, le génie a plus de chances d'influer sur les événements de sa vie et de maîtriser sa destinée.

Lors d'un voyage, j'ai rencontré un millionnaire qui menait une existence modeste. Il avait commencé à travailler comme serveur, distribuant les tasses de café à la Bourse. Intelligent et curieux, il avait recueilli des tuyaux et réinvesti une partie de son salaire en actions. Aujourd'hui, il peut s'offrir ce qu'il veut. Pourtant, il ne vit pas dans un palais, ne roule pas en Rolls-Royce et ne dispose pas d'un bataillon de domestiques à son service. Il habite un petit pavillon de banlieue et s'habille comme M. Tout-le-Monde. Certes, il a mené grand train pendant quelques années, mais pour des raisons connues de lui seul, il a préféré retourner à son ancien mode de vie. Il m'a confié : « Je vis ainsi par choix personnel. »

Le choix – voilà la grande liberté ! Un millionnaire peut très bien choisir de vivre dans la pauvreté, mais un pauvre ne peut pas choisir de vivre dans le luxe. Donnez à votre enfant la possibilité de choisir ! En débutant tôt son éducation, en faisant fructifier son potentiel unique, vous lui conférez un pouvoir de décision sur son existence.

Résumons le message principal de ce chapitre. L'éveil d'un génie exige, de la part des parents, une synergie entre trois éléments : une motivation sincère, une approche adéquate et une vision à long terme. De cette combinaison parfois complexe émergent les vertus dynamiques du génie – une pensée puissante, visionnaire et pourtant modeste !

3

Semer les graines du génie

— Ma fille a pointé le doigt sur un alphabet en répétant « A ». Et elle ne se trompait pas ! C'est incroyable ! Elle n'a que deux ans.

— Vraiment ? C'est extraordinaire ! Tu lui as appris ?

— Non. Elle est née comme ça ! Un petit génie !

J'ai surpris récemment cette conversation entre deux jeunes femmes dans un magasin. Tandis qu'elles s'éloignaient en devisant avec animation, je songeais qu'on a trop facilement tendance à croire qu'un bambin de deux ans s'est soudain transformé en « petit génie », comme par un coup de baguette magique. De toute évidence, quelqu'un avait appris à cette petite fille à reconnaître la lettre A. La mère, n'en sachant rien, attribuait cette prouesse à je ne sais quel pouvoir mystique. Sans doute même aurait-elle été déçue d'apprendre que c'était tout simplement sa sœur, par exemple, qui avait joué les précepteurs auprès du bébé lors d'une visite…

Malheureusement, ce sont des petits faits semblables qui persuadent les parents que leur enfant est un « génie-né ». Devant une telle découverte, certains se prennent d'intérêt pour son éducation et s'attachent à enrichir son acquis. Mais beaucoup restent dans la position de l'observateur aux aguets… et sont cruellement déçus lorsque plus tard, à l'école, les bourgeons prometteurs de la tendre enfance ne portent pas de fruits.

Tant que *tous* les parents n'auront pas pris conscience du fait que le cerveau d'un nouveau-né est un don du ciel toujours susceptible de donner lieu à un génie, la société continuera d'applaudir une poignée de « prodiges », en négligeant la grande majorité. Quel terrible gâchis !

Au fond, c'est l'histoire du clochard qui, fouillant dans une poubelle, tombe sur une pièce d'or ternie et la rejette parce qu'il n'en connaît pas la valeur. Imaginons un scénario plus optimiste : le clochard ramasse la pièce, l'astique avec le revers de sa manche et l'examine. Ses yeux s'illuminent lorsqu'il se rend compte de ce qu'il tient entre les doigts... Vous pouvez, vous aussi, préférer la vision optimiste. Vous pouvez prendre des mesures pour éveiller le génie de votre enfant, en commençant dès aujourd'hui !

Il y a quelques semaines, je discutais avec une vieille amie journaliste. Comme nous échangions des souvenirs d'enfance, je lui ai soudain demandé :

— Tu te souviens quand tu avais trois ans ?

— Quoi donc ?

— Tu ne savais pas lire, et pourtant tu étais capable de reconnaître le titre des chansons sur les vieux 78 tours de tes parents.

— C'est vrai...

— Ton père disait « Apporte-moi *Que sera sera* », ou un autre disque, et tu trottinais jusqu'à la pile de disques, tu farfouillais un moment et tu rapportais toujours le bon !

Nous sommes restées un instant silencieuses. Puis je lui ai demandé :

— Comment faisais-tu ?

— Je ne sais pas, m'a-t-elle répondu en haussant les épaules. Les disques avaient peut-être des étiquettes de couleurs différentes.

— Je suis sûre que non.

Ayant moi-même fouiné dans cette collection de disques, je savais qu'ils avaient tous la même étiquette rouge.

Mon amie ne se souvient ni comment ni pourquoi elle savait lire les titres. Avec le recul du temps, je crois deviner la solution à ce mystère. Très musicienne, sa mère avait, inconsciemment peut-être, transmis son goût pour la musique à sa fille et stimulé par ce biais son aptitude à la lecture.

Certains parleront de « phénomène » ou de « cas particulier ». Mais ce genre d'anecdotes pourrait se reproduire dans chaque famille pour peu que chacun y mette du sien. En effet, la plupart des enfants sont capables d'apprendre à reconnaître un mot à un très jeune âge. Comment ? Par une méthode similaire à celle utilisée pour l'apprentissage du langage oral : les enfants apprennent à parler tout simplement parce qu'ils sont confrontés à des gens qui parlent autour d'eux. De même, pour reconnaître visuellement un mot, ils ont d'abord besoin d'être confrontés au langage écrit.

Les albums illustrés, dépourvus ou pauvres en mots, ne sauraient apprendre à un enfant à lire. En revanche, la fréquentation régulière de livres avec des pages de texte et une image de temps en temps va piquer sa curiosité, elle va l'intéresser au récit tout en le familiarisant avec le langage écrit. Si, en lisant une histoire, vous suivez les mots avec le doigt, votre enfant ne tardera pas à en reconnaître certains au passage – en particulier ceux qui sont dotés d'un fort impact émotionnel.

Vous pouvez aussi vous servir de fiches Bristol pour détailler les objets présents dans son environnement. Sur des cartes blanches, écrivez en majuscules des mots qui se rapportent aux jouets de votre enfant, par exemple « NOUNOURS » ou « CHAT », etc. Et pratiquez le jeu suivant. Vous placez les jouets par terre autour de l'enfant. Quand il se saisit d'un jouet, montrez-lui la carte correspondante et prononcez le mot chacun à votre tour. Répétez-le autant de fois que cela l'amuse. Puis lisez-lui une histoire à propos d'un « chat » ou d'un « ours ». Cette technique gravera le vocable dans son esprit, développera sa capacité à identifier les mots tout en élargissant son vocabulaire. Vous pouvez aussi inviter votre enfant à vous raconter une histoire, et la rédiger au fur et à mesure. Quand il a fini, relisez-lui son récit en montrant du doigt chaque mot. Lorsqu'il verra ces mots dans le contexte de son vocabulaire personnel, sa reconnaissance de l'écrit s'en trouvera accrue.

Ne fixez ici aucune limite de temps. Votre enfant peut apprendre en quelques jours, quelques semaines, ou même plusieurs mois. Chaque individu est différent. Ce qui est testé ici, ce ne sont pas ses capacités... mais les vôtres ! Votre attitude, votre patience, votre persévérance, voilà ce qui sera mis à l'épreuve. Vous serez éventuellement obligé(e) d'adapter votre méthode pour la rendre plus attrayante.

Je connais une maîtresse d'école maternelle qui a inventé sa propre technique pour apprendre à lire à sa fille. Elle cachait dans son dos une carte sur laquelle était écrit un mot, puis elle abordait l'enfant sur un mode ludique :

— Qu'est-ce que maman a pour son bébé ?

Le bébé d'un an levait les yeux et essayait d'attraper le mystérieux objet. Puis, avec un grand sourire, sa mère lui montrait la carte et annonçait d'une voix triomphale :

— Un chat !

Le gloussement ravi de l'enfant prouvait que le jeu avait atteint son but. La petite fille a su lire les mots en un temps record. Bientôt, elle est passée aux phrases. Sa mère achetait des livres faciles, dont chacun contenait un trésor de connaissances. À quatre ans, la petite fille a surpris tout le monde par sa grande familiarité avec la langue écrite. Le succès s'expliquait ici par la confiance de la mère envers sa fille : grâce à sa patience et à son approche ludique, l'enfant accueillait avec enthousiasme chaque nouveau « jeu de lecture ».

De la même façon, vous pouvez vous aussi inventer votre méthode afin de stimuler l'intérêt de votre enfant pour les mots écrits. À la base du succès, il y a votre amour infini pour votre fils ou votre fille. Et croyez-moi, vous ne regretterez pas vos efforts.

4

Le mot appartient à celui qui se lève tôt

Depuis sa naissance, votre enfant évolue dans un monde qui sollicite ses sens en permanence. Au début, il ne fait peut-être pas grand-chose d'autre que vagir, gazouiller ou bâiller, mais il est déjà bercé par les conversations et par toutes sortes de bruits. Lorsque sa vue se précise, il discerne des visages qui se penchent sur lui, qui s'éloignent pour réapparaître ensuite. Le sens visuel se développe. Bientôt, l'enfant a envie de prendre part à la conversation générale, mais il ne peut encore que produire des gazouillis en réponse au discours des adultes. Les sens sont en éveil, mais Dame Nature préfère procéder à son rythme, vous laissant, à vous parents, jouer votre rôle. Chantez, parlez, et l'enfant vous imite, s'efforçant d'articuler des syllabes et des mots. Il écoute avec attention et développe ainsi son sens auditif. Puis il établit un lien entre le son et l'image. Il observe que sa « parole » est souvent suivie d'actions. À ce stade, plus il y aura d'échanges entre vous et lui, plus vite ses sens se développeront. Les processus de raisonnement et d'émotions se mettent en place également, et avec eux une curiosité innée pour le monde, une véritable soif de connaissances. En stimulant ces processus, vous augmenterez la capacité de votre enfant à établir puis à assimiler les liens entre les mots et les choses. Plus tard, il saura analyser ces liens et leur donner du sens.

Les échanges entre vous et votre enfant sont essentiels à ce stade de son développement. Votre voix, votre chant ont un impact profond sur lui. Mû par son désir de vous répondre, de participer, il aura très vite envie de parler. Vous l'inciterez ainsi à communiquer avec l'outil que vous aurez vous-même introduit : la parole.

Le fait d'entendre sa propre voix constitue un stimulus efficace. Par exemple, lorsque le mot « chat » sort de ses lèvres, l'enfant éprouve du plaisir, même s'il en ignore la cause. Il est tout simplement en train d'explorer son potentiel. De votre côté, vous en êtes conscient(e) et vous prenez plaisir à entendre votre petit s'exprimer. Spontanément, vous allez battre des mains, manifester votre satisfaction d'une manière ou d'une autre. Ravi, il voudra renouveler l'expérience. Il savoure l'exploitation de son sens auditif.

Les comptines jouent ici un rôle important. La plupart ont un charme irrésistible et une fonction éducative indéniable. Leur efficacité repose essentiellement sur les rythmes et les assonances. Les rimes stimulent l'audition et sont porteuses d'un enseignement précieux : elles permettent de différencier des mots aux sonorités proches.

Savez-vous planter les choux
À la mode de chez nous
On les plante avec les genoux...

Voyons comment ce genre de ritournelle fonctionne sur votre enfant. En premier lieu, il prend plaisir au rythme enlevé. Il va battre la mesure et, bientôt, il voudra chanter avec vous, d'abord de manière hésitante, trébuchant sur les mots, puis avec de plus en plus d'assurance. En chantant, il va apprendre à faire la distinction entre les rimes *choux, nous* et *genoux*. Grâce au mode répétitif inhérent aux comptines, les mots et leur signification sont assimilés de manière aussi plaisante qu'efficace.

Développer très tôt sa faculté de parole aura à n'en pas douter un effet positif sur son aptitude à la lecture. Plus tôt il apprend à parler, plus vite les bases sont posées pour la lecture. La capacité à établir des liens entre les sons est la première étape pour bien apprendre à lire.

La lecture n'est en effet rien d'autre qu'un discours écrit ou, plus simplement, de la « parole imprimée ». Lorsque vous encouragez votre enfant à parler, vous l'incitez du même coup à utiliser une faculté naturelle : l'audition. Il prend plaisir à articuler ce qu'il entend, il est de plus en plus curieux, il a envie d'explorer ce phénomène nouveau pour lui.

Lorsque Anuradha eut un an, elle put s'asseoir à la table familiale. Sa mère lui demanda de nommer tous ceux qui étaient assis en cercle autour du repas.

— Qui est-ce ? dit-elle en pointant le doigt sur la petite fille.

— Anu, répondit Anuradha.

— Et là ? demanda la mère, en se désignant.

— Deepika, répondit Anuradha sans hésitation.

— Et elle ? dit la mère en montrant la grand-mère.

La petite fille hésita, car le nom était un peu compliqué pour une enfant d'un an.

Au cours du repas, les syllabes formant le prénom « Ahilya » furent détachées et répétées avec chaque bouchée avalée. À l'heure du dessert, la petite Anuradha prononçait « Ahilya » sans problème. Fière de son exploit, elle voulait que sa mère lui apprenne d'autres mots difficiles.

En parlant à votre enfant de ses expériences quotidiennes, vous favoriserez la communication. Votre enfant n'est pas encore à la maternelle, mais vous libérez déjà son génie en l'encourageant à parler, à reconnaître les mots, à établir des liens. Vous cultivez son désir d'apprendre, vous stimulez ses dispositions naturelles.

Vos efforts contribuent également à élargir sa vie intellectuelle. On entend souvent ces paroles de réconfort, « Vous avez toute la vie devant vous », pour réaliser telle ou telle chose. La vie devant soi : c'est le plus beau cadeau offert à l'humanité. Et si nous pouvons accroître ce laps de temps de quelques années, nous nous rendons le plus grand des services.

Je lisais récemment un article sur la gymnastique. La personne interviewée, cadre supérieur dans la publicité, pratiquait le bodybuilding. À ses yeux, l'entraînement quotidien faisait figure d'obligation. Il ne comprenait pas ces gens qui se dérobent à tout exercice physique en prétextant un manque de temps.

— Si je vois que je n'ai pas le temps, il me suffit d'allonger ma journée en me levant une heure plus tôt.

Il y avait une leçon précieuse dans cette réponse en forme de boutade. Le culturiste trouve le moyen d'ajouter une heure à la journée pour pratiquer la musculation. De la même façon, en stimulant très tôt les facultés d'apprentissage de votre enfant, vous augmentez la période de développement de ses facultés cérébrales.

Je me souviens d'une styliste qui, à quarante ans, soupirait avec regret :

— Je voudrais avoir vingt ans de moins !

C'était une jeune femme intelligente et pétrie de talent, qui avait travaillé autrefois pour une compagnie aérienne. Un événement dans sa vie l'avait poussée à changer de carrière. Un monde nouveau s'est alors ouvert devant elle. Elle était pleine d'enthousiasme, elle avait la sensation de s'épanouir enfin. À mesure que son horizon s'élargissait, elle gagnait en assurance et se découvrait toujours plus créative. Une enfant qui s'émerveille ! Sa nouvelle carrière lui offrait l'occasion d'un développement personnel presque sans limites. Ses mots – « Je voudrais avoir vingt ans de moins ! » – exprimaient son regret vis-à-vis de ces années perdues et de ces occasions manquées, ce *si seulement* qu'on entend souvent : « Ah, si seulement je m'y étais pris(e) plus tôt ! »

Plus tôt... En enclenchant sans tarder le formidable processus d'apprentissage et de développement intellectuel, vous épargnez à votre enfant les regrets de l'existence. Vous allongez le temps dont il dispose. En éveillant ses sens, vous lui offrez des années supplémentaires qui lui permettront non seulement de faire sortir son « génie », mais aussi de réussir sa vie.

5

Le B.A.-BA de votre apport créatif

Éveiller le génie n'est pas seulement un art mais une vocation. Il faut que vous affichiez en permanence une attitude ouverte et positive à l'égard des activités intellectuelles. N'oubliez pas que votre enfant vous prend comme modèle. Vous devez faire naître en lui un amour profond et empreint de respect pour la connaissance. Son goût pour la lecture dépend, dans une large mesure, de votre propre rapport aux livres. Si, par exemple, vous confiez à une amie, en présence de votre enfant, combien vous détestiez lire plus jeune, cette confidence aura un effet négatif sur lui. Inversement, s'il vous voit plongé(e) dans la lecture du journal, ou s'il vous accompagne souvent à la bibliothèque pour choisir des romans ou des essais, il comprendra que vous aimez lire et il voudra en faire autant. Sa curiosité naturelle et son sens de l'émerveillement lui procureront ensuite d'immenses plaisirs, inspirés par votre exemple.

1. Des livres, encore des livres, toujours des livres

Achetez des albums pour enfants au visuel riche et coloré; les librairies n'en manquent pas. Pour votre enfant, ce seront des trésors brillant de mille feux. Il sera impatient de les prendre en main !

Prévoyez chaque jour une quinzaine de minutes pour lire une histoire ou chanter des comptines à votre enfant. En plus de leurs vertus éducatives, ces séances de lecture ou de chant ont un autre avantage encore plus appréciable : elles construisent une relation forte et chaleureuse entre vous et votre enfant.

La lecture à voix haute opère à un double niveau. En premier lieu, votre enfant est très heureux de voir que vous lui consacrez toute votre attention. Ainsi, près de vous, il se sent aimé et cet amour fortifie sa confiance en lui. Deuxièmement, il est passionné par l'histoire, absorbé par votre récit, et il veut absolument savoir ce qui va se passer ensuite.

Le meilleur moment pour cet échange est sans doute celui qui précède son endormissement. Il a dîné et pris son bain, il a enfilé un pyjama ou une chemise de nuit confortable. Il est à l'écoute, prêt à boire vos paroles. Il tiendra peut-être à choisir l'histoire qu'il veut entendre. Laissez-le faire. Il prend celle que vous avez lue la veille et le soir d'avant ? Cela n'a aucune importance : la répétition a ses vertus.

Parfois, vous aurez l'impression que votre enfant s'impatiente. Il veut sauter quelques pages et finir l'histoire le plus vite possible. Ne vous découragez pas : il traverse peut-être une phase de mécontentement créatif. Il a sans doute envie d'une autre histoire, ou bien il souhaite passer à une comptine. Allez-y, dans ce domaine, rien ne se perd. Le principal, c'est que votre enfant se sente libre de s'amuser. Avec le plaisir viendra le goût d'apprendre, du moment qu'il se sait autorisé à progresser à son rythme.

Pour rendre la lecture plus attrayante, n'hésitez pas à recourir à vos talents de comédien ou de comédienne. La narration sera lue à voix normale, mais quand vous abordez un dialogue, les changements de timbre et d'intonation donneront vie aux différents personnages et augmenteront considérablement le plaisir de l'enfant.

3. Soyez régulier(ère)

Ne remettez jamais à un autre jour ces séances de lecture, que ce soit à cause d'un coup de téléphone, d'une visite impromptue, de tâches ménagères ou de toute autre raison. Ce serait à la fois traiter votre enfant à la légère et dévaluer la lecture. Je connais une mère que même une coupure d'électricité ne fait pas renoncer à la lecture du soir : elle allume une dizaine de bougies et choisit un livre à gros caractères !

Plus vous serez régulier(ère), plus votre enfant sera amené à participer à la lecture. Il tient le livre avec vous, il tourne les pages, parfois il revient en arrière pour vérifier une image ou un mot. Bientôt, il vous ressortira *texto* une phrase tirée d'une histoire précédente, parce qu'il voit une similitude avec le livre que vous êtes en train de lire. Ou bien il montrera du doigt une image et utilisera avec à-propos un mot appris récemment. La lecture est à ses yeux une activité très importante à laquelle il participe pleinement. Accordez-y vous-même de l'importance et votre génie en herbe grandira avec le sentiment que les livres sont des objets à la fois indispensables et distrayants.

4. Les images et les mots sont des indices

Jusqu'à ce qu'il sache lire seul, l'enfant est plongé dans un monde mystérieux de formes et de sons. Il tente de conférer du sens à ce qu'il voit et à ce qu'il entend. Comme un détective sur la piste de joyaux volés, il cherche des indices. Les images l'aident à identifier les personnages de l'histoire. Les mots fournissent des indices supplémentaires et vous pouvez en ajouter certains de votre cru. Imaginons par exemple que l'histoire se déroule dans l'Antarctique. Votre enfant ne visualise pas forcément ce décor. Insistez sur le froid, la glace, la neige, l'âpreté du terrain, et l'histoire prendra soudain un relief entièrement nouveau. C'est souvent par les associations de termes que s'exprime le talent littéraire d'un auteur : elles apportent une touche poétique au langage, elles le dynamisent. Quand le poète évoque « l'aurore aux doigts de rose », l'enfant visualise un lever de soleil à la fois délicat, coloré et parfumé.

5. L'EXPÉRIENCE APPORTE DU SENS

La lecture est comme une rue à double sens. Certes, l'auteur et l'illustrateur déroulent une histoire au fil des pages, par le biais du texte et des dessins. Mais le jeune lecteur n'est pas passif. Il aborde ces mots et ces illustrations riche de ses expériences personnelles. Ce qu'il tire du livre dépend aussi de ce qu'il y apporte.

Vous pouvez facilement le vérifier vous-même. Par exemple, votre bambin vient de jouer avec le chat de la voisine. Quand il voit le dessin d'un chat ou lorsqu'il vous entend raconter l'histoire d'un gros matou, il va aussitôt se mettre à ronronner de plaisir. Son expérience personnelle confère plus de valeur à cette histoire que si elle avait pour héros un ornithorynque, par exemple, que l'enfant ne connaît pas forcément.

Le vécu ajoute un supplément de sens. C'est pourquoi il faut sortir votre enfant dès le plus jeune âge. Conduisez-le au parc, au zoo ou à l'aquarium. Laissez-le même vous accompagner à la banque, chez le coiffeur, au supermarché, où que vous alliez. Les excursions sont autant de mines d'informations. Où que vous habitiez, il y a toujours des lieux intéressants à visiter. Lors de ces sorties, procurez-vous des brochures illustrées, des livres et des cartes postales. Avec ce matériel, de retour à la maison, vous pouvez échanger vos impressions, discuter de ce que votre enfant a aimé ou pas, lui demander les réflexions que lui a inspirées cet endroit. Plus tard, vous pourrez aussi utiliser ces documents pour raviver les souvenirs de cette expédition (ceux de votre enfant comme les vôtres): vous aurez ainsi de multiples occasions de stimuler la conversation et de rafraîchir les connaissances.

6. De l'importance de l'émerveillement

Chaque matin, votre enfant s'éveille à un jour nouveau. Pour lui, hier et demain n'ont pratiquement aucune signification. Seul compte le moment présent, et il y consacre toute son attention. À ses yeux, tout revêt l'attrait de la nouveauté – une abeille qui butine une fleur, un caillou sur le trottoir. Il est fasciné par les gens, par leurs expressions, par leur façon de parler et de rire. La vie tout entière lui apparaît comme une aventure magique et excitante dont il est à la fois l'observateur et le héros.

La tête pleine de nouvelles découvertes, l'enfant a tendance à exprimer ses pensées à voix haute, à poser des questions sur les objets, les lieux, les animaux, les plantes. Encouragez cette curiosité insatiable: elle participe à la croissance de son génie.

Ma jeune amie Anu surprit un jour sa mère par une remarque qui témoignait de son sens aigu de l'observation et de ses capacités analytiques.

— Maman, tu sais pourquoi les cachalots s'appellent comme ça?

— Non, pourquoi?

— Parce que quand on les attaque, ils se cachent à l'eau.

7. Jeux de mots

Les mots sont source de fascination pour un enfant. Apprendre un mot nouveau, c'est une aventure palpitante. Il va ensuite utiliser ce terme à longueur de journée, au détour de chaque phrase, juste pour le plaisir de le faire rouler dans sa bouche. Vous pouvez augmenter ce plaisir en proposant des jeux de rimes ou des devinettes. Les comptines sont ici très utiles, qu'il s'agisse de rimes – la *maison* est en *carton*, les *escaliers* sont en *papier!* –, ou de simples assonances – *les chaussettes de l'archiduchesse sont-elles sèches...*

Les enfants adorent les sons. J'ai vu un père qui, un jour, a demandé à ses enfants de citer des mots qui imitent des bruits. Le vacarme qui en a résulté ressemblait à un feu d'artifice du Nouvel An : Boum ! Crac ! Floc ! Pschitt ! Tintinnabule !

Des jeux aussi imaginatifs apportent une touche ludique au processus éducatif. Ainsi, l'enfant est toujours enthousiaste à l'idée d'élargir ses connaissances. C'est la base même du génie.

8. Chantez maintenant !

Des recherches approfondies ont été menées (et le sont encore) sur les effets bénéfiques de la musique. Celle-ci peut entraîner la libération d'adrénaline ou d'endorphines, provoquer l'excitation ou la relaxation, selon l'auditeur et le genre de musique. La comptine fredonnée pour envoyer l'enfant dans le royaume des rêves a des vertus apaisantes. À l'inverse, entonnez un air endiablé et voilà votre enfant qui se met à sauter et à danser.

Lorsque la musique est de qualité, elle est aussi source d'enseignement. L'enfant commence par imiter les différents sons. Puis il devient capable d'identifier les instruments ou de prédire leurs interventions respectives.

La valeur thérapeutique de la musique est aujourd'hui largement reconnue et des recherches poussées sont conduites dans plusieurs universités pour mesurer ces effets curatifs. Un nombre toujours croissant de professeurs utilisent certains types de musique (en fond sonore) pour aider les étudiants à se concentrer. Par ailleurs, des études ont établi un lien entre le sens musical et l'aptitude au langage. Quoi qu'il en soit, il ne fait aucun doute qu'une familiarisation prolongée avec la musique a une influence positive sur les enfants et sur leur capacité à apprendre.

9. Déluge de questions

Dès que votre enfant maîtrisera un tant soit peu le langage, il est probable qu'il s'en servira pour poser des questions. Au risque de vous assommer. Mais cela fait partie de son développement normal. C'est un signe de son éternelle quête de savoir. Répondez-lui de manière aussi simple et complète que possible. Si vous ne connaissez pas la réponse, avouez-le franchement : « Je n'en sais rien, mais je vais regarder dans le dictionnaire. » Et que ce ne soit pas une parole en l'air ! Cherchez la réponse avec votre enfant, puis lisez-lui l'information. Encouragez sa curiosité en lui accordant toujours votre attention. Elle suscitera en retour son intérêt.

Un prêtre m'a demandé un jour :

— Quelle est la chose la plus importante en ce monde pour chacun d'entre nous ?

— La prière ? ai-je risqué, un œil sur sa soutane.

— Non, a-t-il souri. C'est apprendre à vivre.

Voilà exactement ce que fait votre enfant : il apprend à vivre. Depuis son plus jeune âge, il ingurgite les perles scintillantes de votre savoir. Elles brillent en lui à chaque instant, et il en demande toujours plus : Pourquoi ? Comment ? Quoi ? Quand ? Où ?

10. Enrichissement quotidien du vocabulaire

L'enrichissement du vocabulaire à un jeune âge est très important parce que cela stimule chez l'enfant le goût de la connaissance. Qui plus est, ce large éventail sémantique lui offre la possibilité de s'exprimer avec précision et accroît son plaisir de lecteur.

Il existe plusieurs manières à la fois intéressantes et amusantes d'étoffer le vocabulaire d'un enfant. Les meilleures sont celles qui se rapportent à notre vie de tous les jours. Encouragez votre enfant à décrire le monde qui l'environne. Quand il voit un chat ou un chien, demandez-lui de quelle couleur il est, ou de quelle race. Lors de vos nombreuses balades, ramassez des cailloux ou des coquillages, commentez leur forme, leur taille ou leur aspect. Les vitrines des magasins sont semblables à des pages de dictionnaires. Faites-en un jeu quand vous vous promenez en ville. De retour à la maison, demandez à votre enfant :

— Alors, après avoir léché les vitrines toute la journée, quels mots as-tu gardés sur le bout de la langue ?

Les affiches publicitaires, les journaux, les magazines et les supermarchés sont aussi d'excellentes sources pour votre petit chasseur de mots.

Plus le vocabulaire s'élargit, plus la pensée prend d'ampleur. L'enfant sera rapidement capable de passer de *ouaf-ouaf* à *chien*, puis à *caniche* ou à *pitbull*, de *fleur* à *rose* ou *chrysanthème*, etc. Chaque terme nouveau l'aide à mieux énoncer ses idées et, un mot menant à un autre, lui ouvre une chaîne ininterrompue de connaissances. Apprendre devient un jeu plein de magie.

Il y a peu, j'ai pu apprécier la richesse de vocabulaire chez une jeune enfant qui était restée coincée dans un ascenseur pendant une panne de courant. Après l'incident, elle s'est précipitée vers moi en s'écriant :

— J'ai été secourue par un pompier !

Elle n'a pas dit « aidée », ni « sauvée », mais « secourue ».

Notre vie quotidienne est ainsi remplie de possibilités éducatives. Faites-en plein usage pour votre petit génie.

11. Un seul mot, des sens multiples

À mesure que votre enfant assimile du vocabulaire, encouragez-le à chercher des sens différents pour le même mot. Un samedi, lors d'une de mes rares occasions de détente, je savourais une fin de journée paisible à la plage. Une famille était installée à quelques mètres de moi. Les enfants construisaient un château. Ils ont donné la touche finale en tapotant sur les murs de sable, puis ils ont reculé de quelques pas pour admirer le résultat de leurs efforts. Ils n'avaient négligé aucun détail : chambres équipées d'air conditionné, jardins suspendus, réservoirs d'eau… Ils contemplaient leur œuvre avec fierté lorsque, soudain, un garçon d'environ quatre ans a détruit une tour avec sa pelle. Aussitôt les autres se sont mis à pousser des cris de protestation. L'un d'eux a lancé :

— Arrête ou je te donne un coup de poing !

La situation aurait probablement dégénéré en bagarre générale sans l'intervention de la mère, qui creva l'abcès en inventant aussitôt un nouveau jeu.

— Paul, dit-elle, en désignant celui qui s'apprêtait à corriger le petit vandale, a utilisé l'expression « coup de poing ». Maintenant qui d'entre vous peut me citer d'autres expressions contenant le mot « coup » ?

Le jeu rencontra un plein succès, chaque enfant apportant sa contribution :

— Un coup de soleil !

— Tout à coup !

— Être dans le coup !

— Un coup de pot !

La mère en ajouta deux de son cru :

— Bravo. Vous voyez, ça valait le *coup* d'y réfléchir, au lieu de vous battre sous le *coup* de la colère !

Les jeux de ce type favorisent chez l'enfant une meilleure compréhension du vocabulaire. Ce sont d'excellents exercices pour éveiller le génie.

Voici donc le B A-BA de votre apport créatif. Si vous suivez ces conseils avec persévérance, vous ne manquerez pas d'obtenir des résultats.

A. Des livres, encore des livres, toujours des livres.
B. Lisez à voix haute.
C. Soyez régulier(ère).
D. Les images et les mots sont des indices.
E. L'expérience donne du sens.
F. De l'importance de l'émerveillement.
G. Jeux de mots.
H. Chantez maintenant !
I. Un déluge de question.
J. Enrichissement quotidien du vocabulaire.
K. Un seul mot, plusieurs sens.

Dès qu'il est question d'éducation, certains parents s'inquiètent d'un possible « gavage » de leur enfant. Cette inquiétude peut être légitime si l'enfant est contraint de maîtriser un savoir pour lequel son cerveau n'a pas encore la maturité requise. En essayant de lui inculquer des notions qu'il n'est pas prêt à recevoir, vous courez le risque – des études l'ont démontré – de provoquer chez lui une certaine confusion, voire ultérieurement des difficultés d'apprentissage. Nous l'avons vu, éveiller un génie est un art qui exige beaucoup de doigté. Autrement dit, assurez-vous que votre enfant est prêt, en termes de développement personnel, à recevoir l'enseignement que vous voulez lui prodiguer. Comment ? Premièrement, en l'observant attentivement et en notant ce qui l'intéresse, ce qu'il aime, mais aussi ce qu'il est capable de faire. (Vous trouverez dans n'importe quelle bibliothèque de nombreux ouvrages traitant des outils éducatifs les mieux adaptés selon le stade de développement.)

Quel que soit le niveau de votre enfant, il importe que les deux parents déterminent ensemble ce qui est ou n'est pas approprié. Lorsque l'un d'eux souffle doucement sur les braises ardentes du génie, il n'est pas recommandé que l'autre proteste avec véhémence. Un tel conflit risque de perturber l'enfant. Si vous êtes en désaccord avec votre conjoint, discutez-en en l'absence de votre fils ou de votre fille. Mettez-vous dans la peau d'un horticulteur : le bon jardinier est celui qui entoure de ses soins la jeune pousse, sans hâter inutilement sa croissance, sans lui donner d'autre engrais que son amour. Dès lors qu'il perçoit l'éducation comme un jeu, l'enfant n'aura aucun mal à s'y investir de manière à la fois pleine et naturelle.

6

Une histoire avant de se coucher et le génie est éveillé !

Nous l'avons vu, les histoires que vous racontez à votre enfant constituent une base essentielle pour son développement intellectuel. Elles éveillent ses capacités au raisonnement. D'après les psychologues spécialisés, jusqu'à l'âge de six ans, l'évolution mentale de l'enfant s'effectue à un rythme très rapide, presque haletant. À partir de six ou sept ans, la progression se fait plus lente, bien que soutenue.

Avant que l'éducation soit prise en charge par des institutions, les parents et grands-parents faisaient office de professeurs et, dans la plupart des cultures, la méthode consistait à raconter des histoires. Les enfants s'asseyaient en groupe autour d'un feu ou à l'ombre d'un arbre et ils écoutaient un « ancien » leur narrer des récits qui les tenaient en haleine. Plus tard, le mot imprimé a largement supplanté cette littérature orale, mais la tradition s'est maintenue sous d'autres formes, en particulier avec ces histoires que l'on raconte aux enfants avant qu'ils ne s'endorment.

Jusqu'à six ans, par la nature même de son développement mental, votre enfant cherche à « étendre » le champ de ses expériences, au sens propre. Il explore votre visage en faisant courir ses petites mains sur vos yeux, votre nez, votre bouche. Puis il s'intéresse à son propre visage, à son corps. Chaque chose va retenir son attention, que ce soit un grain de poussière, vos chaussures de « géant » ou vos produits de maquillage sur la coiffeuse. Tout devient matière à exploration. C'est l'âge où l'enfant est à la fois voyageur, éclaireur, chercheur, touriste et aventurier. Le moindre objet est ramassé, agité, retourné, examiné sous tous ses angles. Le jeune observateur est aussi fasciné par un brin d'herbe que par un clou rouillé ou par un tas d'ordures, par le gazouillis des oiseaux ou le ronronnement d'un moteur. Pour lui, tout est nouveauté.

Par leur titre même, de nombreux livres pour enfants ont souligné la magie de cette découverte : *Alice au pays des merveilles* de Lewis Carroll ou *La Forêt enchantée* d'Enid Blyton nous font pénétrer dès la page de couverture dans le monde à la fois joyeux et enivrant de l'enfance. Ces livres (et quantités d'autres du même genre) possèdent un pouvoir de fascination intangible et pourtant bien réel. Ils ont de nombreuses vertus essentielles au génie en herbe.

La stimulation

Une intrigue bien menée est la condition *sine qua non* de toute bonne histoire. Pour les enfants, il faut que ce fil conducteur soit simple : trop de personnages ou d'intrigues secondaires peut les perturber. Une bonne histoire véhicule un message d'espoir, d'amour ou de réussite, mais sans sermon inutile. Au premier degré (le plus efficace), une histoire doit susciter les questions suivantes : « Et alors ? Que s'est-il passé ensuite ? Où va le héros ? Que va-t-il faire ? » À mesure que se déroule l'intrigue, l'enfant se laisse porter par elle, et lorsqu'on atteint le point culminant, il est aux anges. Il vous demandera sans doute de lire et relire cent fois le même conte. Il en connaît la fin par cœur, mais cela ne diminue en rien son plaisir et il vous reprendra si vous vous trompez. Et c'est ainsi qu'au fil des récits se développent ses capacités intellectuelles.

L'ÉVEIL VISUEL

Quand vous allez au cinéma, vous êtes rapidement absorbé(e) par l'écran foisonnant de couleurs et de mouvements. Raconter une histoire produit le même effet sur votre enfant, avec cette différence de taille : cela stimule en lui la capacité à créer ses propres images : l'imagination. Et une imagination bien développée est un atout capital pour le génie en herbe. Des mots forts et des descriptions fournies contribuent à déployer dans son cerveau un « film intérieur ». Il voit littéralement des images défiler devant ses yeux. L'écrivain Rudyard Kipling *(Le Livre de la Jungle)* a le don d'écrire une prose riche et évocatrice : « Les bœufs qui ruminent, les roues qui grincent, le feu qui crépite et le lard qui grésille... » Aussitôt l'enfant voit la scène, il imagine l'activité bourdonnante qui règne dans le campement. Sa créativité s'éveille, elle balaie le champ des possibles. Le « feu qui crépite » peut, par exemple, lui indiquer que c'est la nuit, mais il peut s'agir aussi d'un déjeuner sous un ciel bleu et clair. Votre enfant pratique ainsi une sorte de gymnastique visuelle. Il accroît aussi son aptitude pour la pensée abstraite, qui lui sera nécessaire dans de nombreux domaines, notamment pour résoudre des problèmes de toute nature.

DES DIALOGUES VIVANTS

Ici, vos talents vocaux seront mis à contribution – une voix douce et chevrotante pour une personne âgée, un grondement rauque pour un lion, un débit saccadé pour le singe... Non seulement vous décuplez le plaisir de votre bambin, mais vous développez aussi sa sensibilité aux nuances sonores. Les mots deviennent fascinants quand ils sont prononcés avec des intonations et des timbres variés. Libre à vous d'ajouter le geste à la parole. Les sons donnent de la profondeur à l'imagination visuelle, ils apportent une dimension supplémentaire au « film intérieur » de votre enfant. Dans sa nouvelle *Comment le léopard a eu ses taches*, Rudyard Kipling a su jouer à merveille de ce plaisir pur des mots qui roulent sous la langue. Le léopard arrive devant « une haute et grande forêt, dont les troncs d'arbre étaient tout tachetés, mouchetés, éclaboussés et embarbouillés, hachurés et mâchurés d'ombres ».

Le rythme de la phrase est tellement irrésistible que vous vous surprenez à monter et à descendre la voix pour épouser les modulations que l'auteur a conçues avec un art consommé. Votre petit génie aura envie de se saisir des mots et de ce rythme pour les faire siens. Cette aptitude à s'imprégner des sonorités correspondant à chaque lettre ou groupe de lettres aidera le génie en herbe dans l'apprentissage de la lecture.

Nouvelles expériences

Lorsque vous racontez une histoire à votre enfant, vous l'entraînez dans un monde merveilleux où se succèdent les scènes et les expériences nouvelles. Il « voit » les agneaux qui gambadent, les gazelles qui bondissent, les aigles qui planent dans le ciel. Quand le petit génie commence à lire seul, il apporte toutes les images, tous les sons et les gestes emmagasinés au fil de ces récits. Sa lecture s'enrichit d'une troisième dimension.

Dès le plus jeune âge, votre enfant peut témoigner un intérêt pour un sujet précis, un domaine qui retient particulièrement son attention. Par exemple, il sera fasciné par les voitures et se précipitera à la fenêtre chaque fois qu'il entend rugir un moteur. Ou bien ce seront les documentaires animaliers à la télévision, ou encore les chats du voisin. Quoi qu'il en soit, soyez attentifs à ces démonstrations d'intérêt. Achetez des livres sur le sujet qui le passionne et lisez-les avec lui. Vous ferez d'une pierre deux coups : vous cultiverez sa curiosité pour un sujet donné, et vous canaliserez son enthousiasme vers la lecture. Cette approche ne manquera pas de porter ses fruits.

Comprendre les autres

Les contes et légendes ont aussi l'avantage insigne d'offrir un savoir pratique, notamment en matière de psychologie. Lorsque vous lisez, les personnages prennent vie, votre enfant les distingue les uns des autres, souvent même il s'identifie à eux. Chaque personnage lui devient familier, il comprend peu à peu leurs motivations. À ses yeux, ils sont aussi réels que vous, et en les comprenant, il se découvre lui-même. Plus il grandit, plus il sait apprécier la différence entre le singe rusé et le lion féroce. Ou entre le vautour charognard et la paisible colombe. Votre enfant apprend ainsi à respecter les différences : son horizon s'en trouve élargi, la compréhension qu'il a de lui-même devient plus profonde. Ce sont là des leçons précieuses pour le génie en herbe.

Les contes populaires

Les contes populaires sont, par le biais de la narration, des fenêtres ouvertes sur la culture d'un peuple : ils sont l'expression de sa vision du monde et de ses valeurs. En vous appuyant sur ces histoires, vous augmentez encore le trésor de connaissances de votre enfant. Rapportées avec simplicité mais avec une poésie naturelle, ces légendes décrivent des gens et des modes de vie qui étaient plus proches de la nature que nous ne le sommes aujourd'hui. La seule diversité des textes (n'hésitez pas à puiser aux quatre coins du monde) a une valeur éducative. Ici encore, vous pouvez accroître le plaisir de votre enfant en prenant des accents variés pour les dialogues – les intonations chaleureuses et rocailleuses du Méditerranéen, les mélopées syncopées de l'Africain, l'accent traînant et nasillard du sud des États-Unis, etc. Vous donnerez ainsi à votre petit génie un avant-goût de la culture internationale.

S'INSPIRER D'HISTOIRES VRAIES

Vous voulez faire de votre enfant un génie universel, à l'aise dans toutes les disciplines ? La meilleure façon de stimuler son intérêt, c'est de lui raconter l'histoire de personnalités hautes en couleur qui ont joué un rôle important dans notre monde. Vous prendrez soin de les choisir dans toutes les sphères de la vie : l'histoire, les sciences, la musique, la politique, la peinture, etc.

L'histoire, par sa nature même, est un vaste réservoir de héros. Vous trouverez facilement des livres pour enfants qui donnent de courtes biographies des chefs d'État, poètes, musiciens, philosophes et autres ardents défenseurs des droits de l'homme. La géographie peut se trouver égayée par l'évocation des grands explorateurs, la science par celle des grands inventeurs. C'est un excellent point de départ pour le génie, un tremplin pour ses études. À un jeune âge, votre enfant s'identifie facilement aux personnages de vos récits : en prenant appui sur le facteur humain, vous saurez rendre passionnant le sujet a priori le plus rébarbatif. Par exemple, que peut comprendre un enfant de maternelle à la loi de la gravité ? En quoi cela peut-il l'intéresser ? Mais racontez-lui qu'un certain Newton a un jour reçu une pomme sur la tête... et c'est tout le processus de découverte scientifique qui prend soudain un visage humain.

La vie des hommes illustres est une inépuisable source d'inspiration pour les enfants. En leur racontant ces histoires, vous l'introduisez dans le monde du génie. C'est une excellente façon de mettre votre enfant sur de bons rails que de lui insuffler l'enthousiasme et la motivation qui lui donneront des ailes.

Les histoires sont en elles-mêmes une source d'éveil. Mais les commentaires que vous pouvez apporter par la suite, sur un mode enjoué, leur confèrent une dimension supplémentaire. Au cours de cette discussion à bâtons rompus, sachez proposer vos lumières tout en mesurant ce que votre enfant a retenu, sans jamais brusquer les choses. Vous lui demanderez par exemple :

— Que penses-tu du bébé éléphant ? Comment s'appelle-t-il déjà ?

Il y a fort à parier que votre enfant répondra du tac au tac. N'ayez pas peur de jouer les ignorants, votre enfant sera ravi de ce renversement des rôles : il deviendra le professeur et vous l'élève. Les spécialistes insistent sur le fait qu'il ne faut jamais reprocher à l'enfant sa lenteur, sa bêtise ou ses manques, quels qu'ils soient. À l'inverse, le sentiment occasionnel qu'il en sait plus que vous lui donnera l'élan nécessaire pour continuer.

Vous pouvez aussi utiliser sa peluche préférée pour le faire s'exprimer. Dites-lui :

— Teddy ne comprend pas pourquoi le bébé éléphant veut voler. Tu peux lui expliquer ?

De cette façon, vous incitez votre enfant à répéter l'histoire avec ses propres mots. Cette technique développera la partie analytique de son cerveau. En s'adressant à vous (et à Teddy), il fera appel à sa mémoire, à ses facultés de raisonnement et d'expression.

Prenez le temps de raconter des histoires à votre enfant. Elles libèrent les vastes réservoirs d'énergie et de créativité qui sont en lui. Vous allumez ainsi la minuscule étincelle qui contient en elle la flamme du génie !

7

La maison idéale

Une de mes amies, Lekha, a toujours détesté l'école.

— Tous les matins, il fallait presque me traîner à la maternelle, se souvient-elle. Une fois là-bas, je refusais d'entrer dans la classe et je restais dehors à pleurer.

Quand Lekha est devenue maman, elle a fait un vœu : ne jamais imposer pareil supplice à sa fille. Elle a dévoré tous les guides pour parents qu'elle a pu trouver.

— À un moment donné, raconte-t-elle, je me suis rendu compte que mon problème n'avait rien à voir avec l'école. Ce qui était en cause, c'était le changement trop brutal pour moi, à un âge si tendre, entre l'environnement familial et un univers inconnu.

Cette prise de conscience a incité Lekha à créer chez elle une atmosphère qui préparerait au mieux sa fille à l'entrée à l'école.

— Comment t'y es-tu prise ? lui ai-je demandé.

— Pour commencer, je lui parlais souvent de l'école, de la classe, comme d'un endroit heureux. Je lui montrais des élèves plus grands qu'elle en lui disant : « Tu imagines, quand tu seras grande, toi aussi tu iras à l'école. Ce sera formidable, non ? » Ensuite j'ai transformé un coin de sa chambre en salle de classe. J'ai disposé toutes ses poupées en rangs d'oignons et je lui ai dit qu'elles étaient les élèves. J'ai acheté un tableau noir et des bâtons de craie.

Puis, un jour, j'ai lu dans un de mes livres de conseils pour les parents l'histoire d'un professeur qui écrivait chaque matin au tableau :

Nous lirons des histoires
Nous jouerons dans la cour
Nous irons déjeuner
Nous chanterons

Je me suis intronisée « directrice » de l'école de ma fille, et je commençais la journée en chantant ce couplet. Puis je la laissais faire. Bientôt, je l'ai entendue fredonner ces mêmes paroles à ses poupées !

— Et comment se trouve-t-elle à l'école aujourd'hui ?

— Comme un poisson dans l'eau !

Des années plus tard, la stratégie utilisée par Lekha m'est revenue en mémoire. Pour faire jaillir le génie qui réside en votre enfant, vous pouvez l'aider à appréhender l'école (ou tout autre environnement) comme son élément naturel. Faites en sorte qu'il y soit comme un poisson dans l'eau !

La plupart des parents constatent qu'après une résistance initiale, les enfants se sentent finalement plutôt à l'aise en milieu scolaire. Pourtant, je connais des parents – nombreux – qui sont eux-mêmes heureux d'avoir laissé derrière eux ces années d'études. Attention ! Si vous tenez à éveiller et à entretenir le génie de votre enfant, il est important que vous adoptiez vous-même une attitude positive envers l'éducation.

Une autre de mes amies a une fille qui s'appelle Ambikha. Depuis son plus jeune âge, sa mère lui a inculqué l'idée que l'école est un endroit agréable et amusant. Leur voisine a deux fils, Ram et Shyam. Son amour maternel s'est exprimé d'une tout autre façon. Elle supportait mal de voir ses deux petits garçons aller à l'école et se transformer en « élèves studieux ». Elle redoutait que la discipline ne finisse par brider leur personnalité. Quoi qu'il en soit, elle les a envoyés à l'école à contrecœur.

Les trois enfants vont dans le même établissement, ils vivent dans le même quartier, ils jouent dans la même cour de récréation. Ambikha adore l'école, elle aime apprendre, elle a un bulletin scolaire exemplaire, elle excelle dans tout ce qu'elle entreprend, y compris la musique et autres activités extrascolaires. À l'inverse, Ram et Shyam détestent l'école, il faut les forcer à faire leurs devoirs, et leurs bulletins sont médiocres.

Inconsciemment, la mère des garçons a transmis sa conception négative de l'école et muselé ainsi les facultés d'apprentissage de ses fils. Ambikha, de son côté, grâce à l'approche plus positive de sa mère, développe pleinement son génie. On voit à quel point votre attitude est déterminante pour stimuler les capacités de votre enfant.

Il faut aussi garder à l'esprit qu'il existe, au moins pour les tout-petits, des méthodes d'apprentissage concurrentes. Si vous n'êtes pas sûr(e) de celle qui convient le mieux à votre enfant, vous pouvez toujours demander l'avis d'un professionnel. Choisissez avec attention l'école ou l'institution qui correspond le mieux à votre petit. L'éventail des possibilités est suffisamment large (sans négliger l'option d'une éducation à domicile) pour que vous puissiez trouver un environnement éducatif adapté à votre enfant, à condition de vous donner le temps et la peine de chercher. Documentez-vous soigneusement sur l'établissement qui retient votre attention : c'est une des démarches les plus importantes que vous accomplirez pour l'avenir de votre fils ou de votre fille.

Mais si parfaits que soient l'établissement choisi ou la méthode, n'oubliez pas que c'est d'abord votre attitude qui va façonner les réactions de votre enfant. Votre conception de l'éducation va imprégner l'atmosphère de votre maison – le premier lieu d'apprentissage de votre enfant, et le plus fondamental.

Commencez donc par travailler sur vous-même, sur votre manière d'aborder les choses. Répétez-vous que l'école peut être un lieu de loisirs – un lieu déterminant pour la croissance de votre enfant, et qui influencera votre propre évolution. Certes, il faudra vous séparer de votre enfant tous les matins, mais il rentrera tout excité de ce qu'il a appris, impatient de vous en faire part. Ne lui opposez jamais votre indifférence. Ne considérez jamais que votre enfant finira par aimer l'école... par la seule force de l'habitude. C'est dans le domaine du possible, mais ce n'est pas sûr, en tout cas jamais acquis. Quel que soit l'environnement éducatif pour lequel vous avez opté, assurez-vous que votre enfant y reçoit un enseignement en accord avec les principes que vous lui inculquez à la maison.

Il en va en effet de votre responsabilité de créer une atmosphère familiale propice à l'éclosion de votre petit génie. La maison, c'est d'abord le *foyer*. C'est l'endroit où l'on trouve la chaleur, la sécurité, l'amour... C'est le cœur de notre existence. La preuve, nous n'oublions jamais la maison dans laquelle nous avons grandi. Pour le génie en herbe, c'est aussi le centre de son apprentissage de la vie.

Vous vous imaginez sans doute que je vais vous suggérer de transformer votre maison en un véritable sanctuaire de la connaissance. Quel ennui ! allez-vous me dire. Eh bien détrompez-vous, je crois au contraire aux vertus du plaisir. Le plaisir libère l'enthousiasme qui à son tour suscite l'envie d'apprendre, laquelle donne naissance... eh oui, au génie ! Le grand philosophe Nietzsche disait : « Rien ne réussit jamais que des esprits exubérants n'ont contribué à produire. »

Ajoutez vos propres initiatives aux quelques suggestions que je vais vous livrer. Vous allez découvrir qu'apprendre peut devenir à la fois une activité familiale amusante et une partie intégrante de votre mode de vie. En même temps, vous allez développer les connaissances de votre enfant. Que pourrait-il y avoir de plus gratifiant et de plus réjouissant ?

Le génie a besoin de matériel !

Faites provision de livres illustrés, jouets, crayons, feuilles de papier, feutres, peinture, pâte à modeler et cassettes audio. Ces outils sont essentiels pour le génie en herbe car ils l'aident à découvrir de nouvelles choses par la *pratique*. Votre enfant doit apprendre par lui-même. Donnez-lui des coquillettes (non cuites de préférence !), des perles ou des cubes percés. (Au début, vous serez peut-être obligé(e) de veiller à les écarter de sa bouche !) En enfilant ces petits objets sur un fil ou un tube, il va développer la coordination entre l'œil et la main. Restez auprès de lui, mais laissez-le faire à sa guise. Lorsqu'il enfile le premier élément, exprimez votre satisfaction, cela l'encouragera à poursuivre.

Les jeux de construction

Un gros camion et son chargement de briques et de rondins de différentes tailles favorisent le développement de votre enfant. En essayant de charger son camion, il va découvrir que les gros blocs prennent plus de place que les petits, et que si les gros sont placés sous les petits, ils stabilisent l'ensemble : ainsi le camion ne verse pas quand il le fait avancer. Laissez-lui découvrir par lui-même ces règles élémentaires de l'équilibre. Lorsqu'il pousse son camion devant lui, il perfectionne à la fois sa concentration et sa coordination musculaire.

Peindre avec les doigts

La peinture avec les doigts, c'est bien salissant, mais c'est plus rigolo que les pinceaux ! Votre enfant va adorer. Non seulement cet exercice lui donne un plaisir physique, mais cela retient son attention et lui procure un sentiment de toute-puissance. Il trempe ses doigts dans la peinture avant de les faire glisser sur la feuille blanche. Dès que les premières taches de couleur maculent la page, l'enfant n'a de cesse que de continuer. À gauche, à droite, vers le haut, vers le bas, en cercle… Quelle jubilation ! Il voit apparaître sur le papier les lignes et les pâtés. Et plus il barbouille, plus il gagne en assurance ! Vous pouvez ensuite lui proposer les pinceaux et les crayons.

Le dessin

Encouragez votre enfant à lire et à écrire. Tracez des lettres ou des chiffres et demandez-lui de les recopier. Comme cet exercice peut rapidement devenir fastidieux, faites en sorte de rendre la chose attrayante. De nombreux parents incitent leur enfant à décalquer des dessins. Je déconseille cette pratique car elle bride la créativité de l'enfant ainsi que sa confiance en lui-même – deux éléments si indispensables au génie. Pour la même raison, j'aurais aussi tendance à déconseiller les albums à colorier, avec leurs contours pré dessinés. Le fait de suivre un trait aussi restrictif oblige l'enfant à s'écraser sur sa feuille. Souvent il s'énerve lorsque le crayon vient à dépasser la ligne fatidique. Le génie doit conserver sa totale liberté de création.

L'argile et la pâte à modeler

Vous pouvez aussi faire découvrir à votre enfant l'argile ou la pâte à modeler. En prenant contact avec ces substances malléables, il sent qu'il peut les façonner à son gré. Par ailleurs, on sait que de nombreux enfants ont de l'énergie à revendre, et le fait de malaxer de l'argile contribue à canaliser cette énergie dans une activité créatrice.

Livres et magazines

La lecture est un *must* absolu, répétons-le. Achetez autant de livres que possible. Il faut qu'ils fassent partie du paysage. Je ne m'étendrai pas sur ce sujet, puisque je l'ai déjà abordé longuement dans les chapitres précédents, mais j'ajouterai qu'il est aussi temps de commencer à monter la bibliothèque de votre enfant. Incitez-le également à partager ses livres avec d'autres enfants. Laissez-le vous accompagner à la bibliothèque et choisir ses albums. Cela lui fera plaisir et lui donnera confiance en lui.

Abonnez-le à un magazine pour enfants. Le facteur viendra déposer dans la boîte aux lettres une grande enveloppe portant son nom. C'est un peu comme si vous lui disiez : « Tu as ta propre identité, donc tu as le droit d'avoir ton magazine. » À l'occasion, encouragez-le à écrire au courrier des lecteurs, à participer à des concours et, plus tard, à rédiger des articles, des poèmes, etc.

Cassettes audio

Les livres « lus » sur cassettes audio sont une aide précieuse pour votre enfant. Il se familiarise avec une bonne diction (les récitants sont des acteurs célèbres) et avec une syntaxe correcte. Avantage non négligeable, vous pouvez mettre la cassette quand l'enfant se couche.

Quelques réflexions sur l'usage de la télévision et du magnétoscope

Dans un premier temps, on a cru que les vidéocassettes et les programmes télévisés pouvaient constituer une forme de panacée en matière d'éducation. Malheureusement, on constate de plus en plus qu'il faut agir avec une grande prudence lorsqu'on autorise des enfants à passer du temps devant le poste de télévision ou à jouer à des jeux vidéo. Des études récentes montrent que la télévision peut avoir un effet hypnotique d'accoutumance, freinant ainsi la créativité de votre enfant et réduisant les chances d'un développement cérébral maximal. Certains chercheurs soulignent en outre que les écrans de télévision (et les effets vidéo) peuvent avoir des interférences sur le système nerveux de l'enfant, voire, dans les cas extrêmes, provoquer des lésions cérébrales. Je vous incite donc à agir avec parcimonie lorsque vous autorisez votre enfant à regarder la télévision ou des vidéocassettes : limitez cette activité à une poignée d'heures par semaine.

Quoi qu'il en soit, ne remplacez jamais les livres par une vidéo. Les livres, nous l'avons vu, déclenchent un « film intérieur » chez votre enfant : son imagination va au-delà de ce que peuvent lui offrir les illustrations. Ce n'est pas le cas avec un film vidéo, qui impose ses images et ne permet pas une évolution mentale optimale. On aura recours aux vidéocassettes comme à un matériel occasionnel – récompenses ou compléments éducatifs. La consommation de vidéocassettes générant une accoutumance, soyez prudents. Même si nous vivons à l'ère de l'image, le mot imprimé reste le roi incontesté dans le monde du développement intellectuel. Le génie peut regarder une cassette de temps en temps, mais les livres doivent occuper le devant de la scène.

Acceptation et approbation

Une maison bien équipée, mais sans l'ambiance adéquate, c'est comme une salade sans vinaigrette. En votre qualité de parent, vous avez à charge d'instaurer un climat joyeux et stimulant, notamment par votre approche ludique de l'apprentissage. Vous y parviendrez en affichant ouvertement votre intérêt pour les progrès de votre enfant. Votre petit génie a besoin de sentir que vous l'acceptez tel qu'il est et que vous reconnaissez les efforts qu'il accomplit.

Rappelez-vous combien, enfant, vous vous sentiez blessé(e), presque trahi(e), lorsque vos parents jetaient un œil distrait sur un dessin ou un poème qui vous avait coûté beaucoup de travail. Ne renouvelez pas cette erreur avec votre enfant. Un sourire, un hochement de tête, quelques mots d'encouragement vous coûtent bien peu, mais cela représente énormément pour lui. Il éprouve un sentiment de réussite immédiat.

Ne repoussez jamais votre enfant quand il soumet quelque chose à votre approbation. Vous risquez de refroidir son enthousiasme et, au fil du temps, il va finir par mettre en doute son potentiel de réussite. Sa confiance en lui s'en trouvera minée. La prochaine fois, il risque de se dérober au lieu de prendre toute initiative. Les félicitations, au contraire, encourageront votre enfant à travailler plus dur et à pousser plus loin ses investigations.

Partager

Le partage sous toutes ses formes procure une sensation de satisfaction profonde. Et commencez donc par partager votre temps ! Rien ne saurait remplacer cette disponibilité, ni les meilleurs livres, ni les plus beaux jouets, ni l'ordinateur le plus puissant. Tous ces outils n'ont de valeur que si l'enfant peut les utiliser avec vous. Chaque fois que vous participez à ses activités, vous lui signifiez à quel point il compte à vos yeux. Avec un tel pilier où s'amarrer, votre enfant développera une grande confiance en ses capacités. Il grandira dans l'estime de soi, pierre de touche du génie !

8

Votre mental informe sa matière grise

Sous forme de parabole, l'histoire qui suit fait référence, à sa manière, à l'« ensemencement des nuages », une technique mise au point par les scientifiques de l'environnement pour provoquer la chute des pluies.

Dans une région frappée par la sécheresse, un fermier lève son visage hâlé vers le ciel. Perplexe, il regarde les nuages qui s'accumulent à l'horizon.

— Sans doute une averse passagère, ronchonne-t-il.

Il préfère refréner l'espoir qui naît en lui. Il ne veut pas risquer une trop lourde déception si la pluie se transforme en simple crachin.

À quelques kilomètres de là, un autre fermier suit avec attention cette formation nuageuse. Il a appelé les spécialistes du laboratoire pour leur demander d'ensemencer les nuages. Il sait que son initiative va payer. La pluie sera abondante.

Si vous deviez choisir, lequel des deux fermiers préféreriez-vous ? Personnellement, c'est le second qui recueille mes suffrages : son approche optimiste et son action réfléchie obtiennent les meilleurs résultats : une belle averse. Il sait que cette année la récolte sera bonne. Il sait aussi que, lors des prochaines saisons, il pourra compter sur l'appui de la technologie moderne. Il n'aura pas à pester contre les « averses passagères ».

De la même façon, j'en suis sûre, vous ne voulez pas que les manifestations du génie de votre enfant soient de simples ondées sans lendemain, autrement dit que les promesses s'enlisent dans la médiocrité. Vous souhaitez une croissance continue, afin que la floraison précoce donne naissance à un arbre aux racines profondes. Si tel est le cas, il vous faudra adopter l'attitude du second fermier : ne pas vous contenter d'ensemencer les nuages une fois, mais penser à l'avenir. Soyez toujours convaincu(e) que la récolte sera bonne. Sachez voir les aspects positifs de toute situation (et croyez-moi, il y en a toujours). Certains appellent cela la victoire de l'esprit sur la matière. Puisqu'il est question du cerveau de votre génie en herbe, je parlerai, moi, de l'influence déterminante de votre « mental » sur sa « matière grise ».

Fort(e) de cette attitude positive, vous allez pouvoir jouer un rôle toujours plus actif dans l'éducation de votre enfant. Dans le chapitre précédent, j'ai traité de l'environnement familial propice à l'éclosion du génie. Vous avez posé les fondations, il est temps de passer à la suite, étage après étage. Votre enfant n'a pas encore l'âge d'aller à l'école, mais il progresse à pas de géant. À présent, il a besoin que vous l'aidiez à grimper toujours plus haut. Dès qu'il entrera à l'école, la situation changera et il vous faudra adopter une attitude de plus en plus affinée.

À notre époque moderne, il y a de fortes chances pour que les deux parents travaillent. Tenant compte de ce facteur, et après beaucoup de recherches et d'expériences, j'ai établi plusieurs manières très simples d'encourager les capacités intellectuelles de votre enfant.

COUCHER TÔT

Le génie en herbe a impérativement besoin d'au moins huit heures de sommeil par nuit, afin que son esprit soit pleinement en éveil pendant la journée. Je connais une famille qui aimait beaucoup recevoir. Leurs deux enfants étaient toujours de la fête. Résultat de ces soirées prolongées, il fallait les tirer du lit le matin. Le petit déjeuner était avalé sur le pouce, puis ils étaient obligés de courir pour attraper le bus. Souvent même, ils manquaient l'école. Vous ne pouvez pas vous permettre de tels excès avec votre enfant. Le génie a besoin d'une pensée claire et limpide.

LEVER TÔT

Quand on se couche tôt, on se lève tôt. Il y a quelque chose de magique dans les premières heures du jour, une sérénité qui stimule l'esprit. Nombreux sont les auteurs qui disent avoir écrit leurs meilleurs livres dans le calme du petit matin. C'est une excellente habitude à cultiver chez votre génie en herbe.

UN BON PETIT DÉJEUNER

Prendre le petit déjeuner en famille est une tradition formidable. Chacun est de bonne humeur et impatient de démarrer la journée. Prévoyez assez de temps pour manger sans précipitation et pour bien digérer. C'est aussi le moment où vous pouvez feuilleter le journal du matin. Tandis que votre enfant mord dans une tartine, faites-lui aussi « absorber » certaines nouvelles. Lisez à voix haute des articles intéressants (évitez de préférence les manchettes catastrophes) et discutez-en avec lui, avec les mots appropriés à son âge. Ses réactions vous étonneront. C'est une excellente base pour le jeune citoyen de l'ère de l'information.

L'aide aux devoirs

Travailler sans plaisir, c'est se condamner à l'ennui. Laissez souvent votre enfant jouer avec ses petits voisins. C'est une excellente occasion de développer sa sociabilité et son esprit d'équipe. Quand il rentre à la maison, consacrez quinze à vingt minutes pour l'aider à faire ses devoirs, mais ne les faites jamais à sa place. Je me souviens d'une série télévisée satirique où les parents suaient sang et eau sur les devoirs de leur fils pendant que celui-ci tapait dans un ballon. Quand le garçon rapportait son carnet de notes, il s'en souciait comme de sa première paire de chaussettes et courait rejoindre ses amis sur le terrain de football. Pendant ce temps, les parents passaient le bulletin au crible. Un sourire apparaissait bientôt sur leur visage. L'image se fixait ensuite sur les parents en train de se serrer la main et de se congratuler mutuellement. Ce type d'autosatisfaction parentale est très néfaste au petit génie. Si vous voulez qu'il vole un jour de ses propres ailes, faites en sorte qu'il mette la main à la pâte.

Discussions à table

Un vieux dicton prétend qu'une famille qui prend ses repas ensemble reste soudée. J'ajouterai ceci : une famille qui mange ensemble apprend et grandit ensemble.

Le repas est par excellence le moment propice aux échanges et aux discussions. C'est l'heure où votre enfant peut vous abreuver de ses exploits du jour, accomplis dans la salle de classe ou dans la cour de récréation. Écoutez-le attentivement. Applaudissez à ses succès. Et s'il « avoue » un échec ou une bévue, dites-lui gentiment que l'erreur est humaine. Il ne faut surtout pas lui mettre la barre trop haut, sans quoi la moindre défaillance prendra les proportions d'une catastrophe. Offrez-lui au contraire des exemples de vos erreurs passées et sachez en rire. Vous lui apprendrez ainsi à manier l'autodérision.

Tirer les leçons de ses erreurs, être capable de rire de soi : voilà des ressorts utiles au génie. S'il n'acquiert pas ces qualités dans son jeune âge, l'enfant risque de se prendre trop au sérieux. Il en sera malheureux. Je connais une petite Sandra qui était toujours première à l'école. La fierté de ses parents faisait plaisir à voir. Pourtant, en éducation physique, c'était une autre histoire... Un jour, Sandra devait participer à une course de saut à la corde. Sachant que ses parents voulaient la voir gagner, elle s'est donnée à fond ; mais elle n'a pas couru et sauté selon les règles. Ce qui devait arriver arriva : elle fut disqualifiée. Sandra a pleuré pendant des jours. Il a fallu que ses parents déploient des trésors de patience pour la convaincre qu'ils l'aimaient toujours. Sandra en est sortie traumatisée. C'était une expérience terrible pour elle et une dure leçon pour ses parents. Faites en sorte que ce type de mésaventure n'arrive pas à votre enfant. Rappelez-vous que même les génies connaissent des faiblesses et commettent des erreurs.

Petits plaisirs d'après-dîner

Lorsque la table est débarrassée, vous pouvez jouer aux cartes, à des jeux de société, ou à toute autre activité stimulante pour l'intellect. Pourquoi ne pas apprendre à votre enfant à jouer aux échecs ou à tout autre jeu qui demande de l'analyse, de la réflexion et de l'initiative ?

Le coucher du génie

Le coucher doit se faire dans le calme. Vous pouvez lire une histoire à voix haute ou en inventer une. C'est l'heure des câlins. Mais c'est aussi le moment idéal pour vous assurer – sans forcer les choses – que votre enfant a bien assimilé les connaissances que vous avez tenté de lui inculquer. Surtout, répétons-le, couchez-le de bonne heure, parce que le cerveau recharge ses batteries pendant le sommeil. Votre enfant est peut-être extraordinairement intelligent, mais il n'en est pas moins soumis aux règles de la nature.

Jusqu'à présent, je me suis penchée sur les techniques permettant d'intégrer le processus éducatif à votre quotidien. À présent, j'aimerais me concentrer sur certains éléments susceptibles de mettre en branle les rouages qui composent le cerveau de notre génie en herbe.

LE MONDE MERVEILLEUX DU TRAVAIL

Dès que votre enfant commencera à rapporter des devoirs à la maison, il aura besoin d'un endroit où il puisse s'asseoir tranquillement, sans être dérangé. Si vous avez une grande maison, il peut avoir son propre bureau. Si vous vivez dans un appartement plus petit, transformez un coin de sa chambre en pays des merveilles.

Achetez-lui un bureau et une chaise, ou simplement une petite table munie d'un tiroir, mais qui lui appartienne vraiment. Assurez-vous que son coin est bien éclairé et ajoutez une touche personnelle : par exemple, un panneau de liège, où il pourra punaiser des images découpées, des photos, des citations ou tout ce qui lui passe par la tête. Déconseillez-lui d'étudier au lit ou devant la télé, car il ne pourra pas se concentrer pleinement sur son travail.

OUVRAGES DE RÉFÉRENCE À PORTÉE DE MAIN

Il n'est jamais trop tôt pour acheter un dictionnaire ou une encyclopédie à votre enfant. Ce sont d'excellentes sources d'information. Toujours disponibles, elles encouragent l'enfant à lire et à chercher par lui-même. Il sera fier d'avoir *sa* bibliothèque. Vous n'aurez aucun mal à trouver chez votre libraire d'excellents ouvrages bien documentés.

Dictionnaire. Enrichissez chaque jour le vocabulaire de votre enfant en lui donnant un terme nouveau à regarder et à apprendre. S'il prononce mal un mot ou s'il l'écrit mal, ne le corrigez pas. Demandez-lui simplement de vérifier dans le dictionnaire.

Encyclopédie. Elle se révèle irremplaçable pour se documenter sur la science, la géographie, l'histoire, la culture et les arts. Lorsqu'un pays est à la une de l'actualité, que ce soit dans la presse ou à la télévision, encouragez votre enfant à lire l'article correspondant dans son encyclopédie. Ainsi, il comprendra mieux ce qu'il a déjà entendu ou lu sur le sujet. Il peut aussi se constituer sa propre encyclopédie en découpant des articles de presse et en les collant dans un grand cahier, que vous baptiserez, par exemple, « Ma Nouvelle Encyclopédie ».

Atlas. Les cartes permettent de situer immédiatement le pays dont il est question dans les informations, mais l'atlas peut avoir d'autres usages. Si vous projetez un voyage, demandez à votre enfant de trouver la route la plus courte pour arriver à destination. Si vous partez en voiture, confiez-lui la navigation. Si vous prenez le train ou l'avion, laissez-le plancher avec vous sur le meilleur itinéraire.

Almanach. Un almanach est une excellente source de données. Les mieux conçus contiennent des rubriques très variées : records sportifs, cartes du ciel, mouvements des planètes, poids et mesures, informations postales, événements historiques, renseignements sur les parcs nationaux, les fleuves, les barrages, etc. Lorsqu'un athlète bat un record mondial, encouragez votre enfant à consulter l'almanach pour découvrir les dates des records précédents.

Ou bien si vous lui parlez de la protection de l'environnement, demandez-lui de localiser les principaux barrages ou les centrales nucléaires. Il emmagasinera ainsi des connaissances très utiles.

Vous pouvez lui procurer d'autres livres, mais les ouvrages précités sont les livres de référence qui doivent figurer dans la bibliothèque du génie en herbe. Au début, apprenez-lui à s'en servir. Prouvez-lui leur utilité en les consultant vous-même quand vous avez un doute sur un sujet quelconque, mais ne faites pas le travail de recherche à sa place.

LA RADIO ET LA TÉLÉVISION

Ces médias peuvent constituer une bonne source d'informations pour votre enfant si vous l'incitez à suivre des émissions à valeur éducative: jeux à base de chiffres et de lettres, concerts, documentaires animaliers ou reportages intéressants – le tout à petites doses. Ne laissez pas la télévision empiéter sur ses heures de travail ou de loisirs. Servez-vous du guide télé pour choisir avec soin les programmes et préparez le terrain. Par exemple, un documentaire sur les baleines peut être précédé par la lecture d'un livre sur les mammifères marins, par une visite à l'aquarium ou par des dessins. Suivez l'émission ensemble, puis encouragez votre enfant à prolonger sa découverte par des lectures. Vous pouvez aussi engager une discussion après un reportage: demandez à votre enfant s'il considère que le journaliste était partial ou si les faits énoncés étaient exacts.

ÉCRIRE

Vous avez déjà fourni à votre enfant du papier et des crayons, à présent cultivez l'art d'écrire et la calligraphie. Les gens qui écrivent bien raisonnent clairement.

Ils sont capables d'ordonner et d'articuler leurs arguments. Ils créent de nouveaux concepts au fil de la plume. Apprendre à écrire est un art et, comme pour tout art, cela nécessite beaucoup de pratique et de patience. C'est aussi la base d'une bonne communication – un *must* pour le génie !

Avant de conclure ce chapitre, je tiens à en souligner un des aspects les plus importants : donnez toujours le bon exemple à votre enfant. Rappelez-vous que son univers est en grande partie le reflet du vôtre. Lorsqu'une petite fille joue à la poupée ou au docteur, elle ne fait rien d'autre que reproduire ce qu'elle a vu et entendu. Tâchez d'afficher en toutes circonstances patience, curiosité et amour de la connaissance. Faites en sorte que votre enfant vous voie régulièrement en train de lire et d'écrire. Efforcez-vous d'élargir votre propre vocabulaire et d'employer une syntaxe correcte. Faites appel à votre imagination et à votre propre génie : c'est en premier lieu votre esprit qui va informer la « matière grise » de votre enfant.

9

Le génie au pays des jouets

Tout en elle respirait la bonne éducation. Sa tenue était élégante, pas une mèche folle ne dépassait de sa coiffure. J'ai examiné ses orteils soigneusement vernis.

— Entrez donc prendre une tasse de thé !

Après la tasse de thé et une conversation polie, elle m'a fait faire le tour du propriétaire. La maison était impeccable, le moindre bibelot astiqué. Puis nous sommes entrées dans la chambre de son fils. J'ai eu la surprise de découvrir une pièce parfaitement bien rangée.

— Ses jouets, annonça-t-elle fièrement.

J'ai contemplé la chambre aux trésors.

— Je lui ai appris à les traiter avec soin.

La précision était inutile car il n'y avait pas un seul jouet cassé ni même ébréché. Ils avaient l'air si neufs que je pouvais presque imaginer leur carton d'emballage.

— Il ne joue pas avec ?

— Bien sûr que si, me répondit-elle d'une voix qui feignait l'indignation. Mais il est très soigneux. Il sait que je ne supporte pas le désordre. À vrai dire, je crois qu'il tient ça de moi.

En voyant la satisfaction affichée sur son visage, j'ai soudain ressenti une profonde tristesse. J'avais presque envie de pleurer en pensant à ce petit garçon qui pouvait à peine toucher ses jouets, sans cesse surveillé par une mère quasi obsessionnelle. Je me suis rapidement excusée et j'ai fui cette atmosphère oppressante.

Toute la soirée, j'ai été déprimée à l'idée de toutes les joies dont cet enfant était privé. Cette visite a eu un tel impact sur moi que lorsque j'ai commencé l'écriture de ce livre, j'ai décidé de consacrer un chapitre entier aux jouets. Aujourd'hui, chaque fois que j'entre dans une maison et que je vois des jouets cassés qui traînent par terre, je pousse un soupir de soulagement !

J'ai toujours cru au pouvoir des jouets. Tous les parents en achètent, mais peu se rendent compte de leur potentiel : les jouets développent des qualités fondamentales au génie.

Qualités de base

Physique. Quand votre fille pousse un berceau de poupée, joue-t-elle à la « maman » ? Quand elle saute à la corde, lorsqu'elle monte à cheval ou fait du vélo, est-ce qu'elle s'amuse ? La réponse à ces deux questions est évidemment « oui ». Mais en plus, elle apprend à marcher, à courir, à grimper, à sauter, à saisir : elle développe son potentiel physique et ses facultés de coordination.

Motricité. Votre fils est penché sur un puzzle. Ou bien, tirant la langue, il dessine dans un cahier avec ses crayons de couleur. Ou il s'amuse à démonter et à remonter les éléments détachables d'un jouet. Il construit une maison en Lego. Il façonne des objets en pâte à modeler. Par le biais de toutes ces activités, l'enfant développe ses capacités motrices, sa dextérité manuelle et tout particulièrement la coordination entre l'œil et la main.

Visualisation. Votre fille fait rebondir sa balle en caoutchouc rouge. Avec sa raquette, elle envoie le volant pardessus le filet. Elle lance son anneau sur un piquet. Elle dirige son cerf-volant ou manœuvre un train électrique. Elle exerce ainsi ses mouvements oculaires, son « coup d'œil », car toutes ces activités nécessitent de suivre du regard un objet pour entrer en contact avec lui.

Visualisation et mémoire. Votre fils joue aux échecs ou aux dames. Il dessine. Il choisit parmi des blocs de formes différentes et les fait entrer dans les trous correspondants. Il développe ses facultés de visualisation et de mémoire, qui lui sont nécessaires pour la compréhension et la pensée abstraite, deux qualités essentielles au génie.

Qualités spécifiques. Votre fille secoue la poche de velours noir, glisse la main à l'intérieur et en retire des jetons en plastique qui portent chacun une lettre de l'alphabet. Elle forme un mot et dispose les lettres sur le plateau. Elle tire une carte de Monopoly. Elle compte l'argent, achète une maison ou un hôtel. Elle pratique des jeux conçus pour l'aider à acquérir des concepts spécifiques, comme la formation de mots ou la gestion de l'argent.

Le génie créatif. Jusqu'à présent, je n'ai parlé que des jouets achetés dans le commerce. Mais un petit génie a besoin d'une dimension supplémentaire pour explorer pleinement son potentiel. Encouragez votre enfant à confectionner ses propres jouets. Il peut par exemple utiliser de vieux cartons, des capsules, des boîtes d'œufs, des bobines, des pinces à linge, du fil et de la colle pour fabriquer des voitures, des feux de circulation, des piétons, etc. Cette voiture peut vivre des aventures innombrables, sauter d'un pont (une règle ou un bâton en équilibre sur deux boîtes à chaussures), ou tomber dans l'océan (une bassine pleine d'eau).

Vous vous demandez peut-être pourquoi votre enfant devrait perdre son temps à cet exercice salissant, alors que vous pouvez lui acheter des jouets tout faits. La différence, c'est qu'en permettant à votre enfant de fabriquer ses jouets, vous éveillez son génie créateur. Il cesse d'être un observateur passif pour devenir acteur. Son matériel en main, libre de ses choix, il apprend à utiliser son imagination et à inventer de nouvelles règles pour chaque situation.

Le génie en société

Si votre enfant joue ou fabrique des jouets avec un ami, il en tirera des bénéfices supplémentaires. Il apprendra notamment le partage et les prises de décision communes. En même temps, il met en commun son savoir avec ses amis : ensemble, ils parlent en termes « techniques », échangent leurs expériences. Il apprend également à vivre en bonne intelligence avec un autre enfant. Il développe ainsi ce qu'on appelle « les techniques de relations interpersonnelles ». Cette combinaison de créativité et d'interactivité est vitale pour le génie en herbe.

Prise de décision

Quand un enfant manie un jouet, quel qu'il soit, il est constamment obligé de prendre des décisions. Tout d'abord, il veut savoir comment ça marche. Lorsqu'il en a compris le fonctionnement, il veut ensuite lui trouver une utilisation. Il peut varier les plaisirs. Entre les mains d'une petite fille, une poupée peut devenir un bébé, mais aussi une patiente si elle joue au docteur, ou encore une pilote si elle joue aux courses de voitures. En improvisant ainsi, en variant les rôles, elle s'habitue déjà à prendre des décisions. C'est une expérience précieuse pour le génie.

Le parent, guide et compagnon de jeu

Pour aider votre enfant à tirer le maximum de ses jouets, il vous faut :

Être vous-même un enfant. Le parent qui sait se mettre au niveau de l'enfant (sans tomber dans les enfantillages) communique mieux avec son fils ou sa fille. Il contribue ainsi à développer davantage le potentiel du jeune génie.

Être actif. En participant activement au jeu, vous encouragez la créativité de votre enfant. Au début, vous pouvez introduire de nouveaux concepts pour le laisser ensuite voler de ses propres ailes. Il va ainsi acquérir une grande confiance dans sa capacité à relever les défis.

Être un véritable partenaire. En qualité de parent, vous avez la maturité et la lucidité nécessaires pour savoir ce qui sera le plus profitable à votre enfant. N'oubliez pas que vous voulez lui offrir ce qu'il y a de mieux. Tout en restant à l'écoute de ses besoins, de ses goûts et de ses aptitudes, vous pouvez introduire de la variété : des activités physiques, comme la gymnastique ou la course à pied ; des exercices linguistiques, comme raconter des histoires, des blagues ou des devinettes ; des jeux à proprement parler, comme des parties de chat perché ou de cache-cache.

Donner l'exemple. Les jouets les plus sophistiqués de la terre n'auront aucun effet positif sur le potentiel du génie si le parent offre un exemple d'immaturité. C'est vous qui montrez à l'enfant comment il doit se comporter, c'est vous qui donnez le *la*.

Être affectueux. L'enfant ne doit jamais douter de votre amour. Protégé par votre affection, il se sentira capable d'évoluer vers une plus grande indépendance.

Des études menées sur la relation parent-enfant pendant le jeu ont conduit à des découvertes intéressantes. Les enfants qui possèdent beaucoup de jouets (et qui s'en servent) deviennent souvent plus inventifs que les autres par la suite. Par ailleurs, les enfants qui jouent régulièrement avec leurs parents ont plus de chance d'atteindre de hauts niveaux de créativité.

Choisir le moment opportun

Vous vous demandez peut-être comment savoir si les jeux que vous pratiquez avec votre enfant sont adaptés à son niveau de développement. Ne risquez-vous pas de vous laisser emporter par l'enthousiasme et de lui imposer des activités qui pourraient contrarier sa croissance? Comment savoir où tracer la ligne? L'exercice suivant, en cinq étapes, vous aidera à répondre à ces questions:

1. *Observer.* Soyez très attentifs à la dextérité ou la maladresse dont fait preuve votre enfant. D'autre part, tâchez de mesurer son intérêt pour le jeu que vous lui proposez. Demandez-vous alors: Suis-je à ma place? Suis-je sur la bonne voie?

2. *Jouer avec lui.* Mettez-vous au niveau de l'enfant. Si le jeu devient trop compliqué pour lui, il va s'énerver.

3. *Jouer un cran «au-dessus».* Peu à peu, en douceur, initiez votre enfant à des jeux plus complexes. Par exemple, quand il a appris à jouer aux dames, apprenez-lui les échecs (mais continuez à jouer aux dames s'il en a envie).

4. *Prendre du recul et observer de nouveau.* Lorsque vous avez introduit un nouveau concept et éveillé ainsi l'intérêt de votre enfant, mettez-vous en retrait. Laissez-le s'entraîner et apprendre seul: ne soyez pas toujours là à regarder par-dessus son épaule.

5. *Entrer de nouveau dans le jeu.* Lorsqu'il maîtrise le nouveau concept, vous pouvez réintervenir.

Les cinq étapes détaillées ci-dessus ne sont que des suggestions pour vous permettre de mieux percevoir le rythme naturel de votre enfant. Attention toutefois de ne pas perdre le sens du plaisir et de la spontanéité en suivant ces règles à la lettre. Considérez-les comme un simple outil qui vous aidera à mieux cerner les besoins de votre enfant. Amusez-vous avec lui et voyez le génie se développer grâce à vos conseils affectueux.

Recherche de l'équilibre

Il va de soi que la plupart des parents ont un budget limité. Ils ne peuvent pas se permettre de faire une razzia sur tous les jouets du magasin, si tentants soient-ils. Quand vous choisissez un jouet, assurez-vous que l'enfant en tire un maximum de plaisir et de profit éducatif. La variété compte beaucoup. Vous devez veiller à respecter un certain équilibre dans les activités, afin de promouvoir une croissance harmonieuse. Les catégories très larges énumérées ci-dessous vous aideront à garder à l'esprit ce souci d'équilibre lorsque vous entrerez dans un magasin de jouets.

Jeux physiques. Ils permettent à l'enfant de développer ses muscles ainsi que la bonne coordination de ses mouvements. Les activités physiques qui nécessitent de la précision dans les gestes développent aussi le cerveau.

Exemples : un ballon, un tricycle ou une bicyclette, une raquette et un volant.

Jeux de construction. Ils éveillent la créativité de votre enfant. Ces jouets l'incitent à comprendre « comment ça marche ». Ils stimulent ses facultés d'observation, l'aident à développer de nouveaux concepts et sont de merveilleux instruments d'expression personnelle.

Exemples : les cubes, les Lego, le matériel de peinture, du papier et des crayons, la pâte à modeler, les instruments de musique, les jouets scientifiques, les kits d'assemblage ou les maquettes.

Jeux de société ou en équipe. Ils font appel aux capacités sociales de votre enfant. Par l'interaction avec ses petits camarades, il apprend la compétition, le fairplay et le travail d'équipe. Il améliore sa faculté de concentration et son aptitude à réagir rapidement aux circonstances.

Exemples : jeux de dames, échecs, jeux de cartes, puzzles, jeux d'extérieur, sports d'équipe.

Lorsque vous choisissez un jouet, gardez à l'esprit qu'il peut parfois répondre aux trois aspects cités ci-dessus. Par exemple, le Frisbee est tout à la fois :

- un jeu physique car votre enfant doit lancer le Frisbee et courir pour le rattraper ;
- un jeu créatif car l'enfant peut expérimenter différents styles de lancers et s'imaginer dans la peau d'un champion du monde de Frisbee ;
- un jeu social car le Frisbee se joue à plusieurs.

Vous vous demandez peut-être pourquoi je n'ai pas mentionné les jeux vidéo. Dans un chapitre précédent, j'ai déjà parlé de l'écran de télévision et de ses dangers. Je signalerai seulement ici que d'importantes études sont menées sur les effets des jeux vidéo sur les enfants. Les premières découvertes ne sont pas encourageantes. Certaines recherches ont d'ores et déjà établi un lien entre la pratique assidue de ces jeux et les difficultés d'adaptation à l'école ou à diverses situations de la vie réelle. En outre, ces jeux sont rarement interactifs et ils ont tendance à entraîner une accoutumance certaine : ils risquent donc de compromettre l'équilibre que nous nous sommes proposé pour but. La plupart des jeux vidéo ne sont ni physiques, ni créatifs, ni constructifs, ni sociaux. Bref, ils ne contribuent pas au génie de votre enfant. Bien au contraire, ils tendent à inhiber son imagination.

Inversement, les jouets « traditionnels » éveillent son potentiel créatif, qui est énorme. En développant de manière équilibrée ses aptitudes physiques et mentales, vous offrez à votre enfant un cadeau inestimable – un talent de créateur !

10

Trois tremplins vers le génie

Quand lord Rama voulut traverser la mer pour se rendre à Lanka, un sentier s'ouvrit sous ses pas. En effet, ses admirateurs ramassaient des pierres et les lançaient dans l'eau devant lui : ainsi chaque caillou jeté le rapprochait un peu plus de sa destination.

Il y a dans cette parabole une grande leçon à tirer. C'est un merveilleux exemple de ce que peut accomplir la persévérance dans les petits gestes quotidiens. Comme le disait Confucius : « Le plus long voyage commence par le premier pas. »

Chaque enfant se tient comme lord Rama sur le rivage de la vie. À ses pieds, le vaste océan du savoir se soulève et rugit. L'enfant peut le maîtriser en se servant de trois marchepieds qui vont le conduire jusqu'à la terre promise : le royaume du génie. Ces trois pierres de gué sont : la curiosité, l'imagination et l'indépendance.

Mais avant toute chose, j'aimerais que vous vous penchiez un moment sur votre attitude envers votre enfant. Posez-vous les questions suivantes et répondez-y par « oui » ou par « non ».

1. Votre enfant de deux ans essaie d'ouvrir une boîte de biscuits. Vous le grondez et vous lui retirez la boîte.
   OUI ❑ NON ❑

2. Votre enfant joue dans une mare de boue. Vous poussez un cri d'horreur, vous lui donnez un bain et vous l'installez sur son lit, entouré de jouets propres.
   OUI ❑ NON ❑

3. Tandis que vous êtes occupé(e) à faire la cuisine, votre enfant a mis la main sur une brique de lait vide. Alerté(e) par le bruit, vous vous précipitez. Votre enfant essaie d'attraper une autre brique sur une étagère. Vous vous écriez : « Non ! » Vous le prenez vivement dans vos bras et vous l'installez devant la télévision.
   OUI ❑ NON ❑

4. Votre fils regarde tranquillement des dessins animés ou des publicités. Vous jetez un œil de temps à autre en songeant : « Quel petit ange ! »
   OUI ❑ NON ❑

5. S'il se rebiffe et descend du canapé, pour changer de chaîne ou s'en aller, vous poussez un soupir impatient et vous le remettez à sa place.
   OUI ❑ NON ❑

6. Votre petite fille curieuse a mis la main sur du rouge à lèvres. Étonné(e) de ne plus l'entendre, vous jetez un œil dans sa chambre. Vous avez un sursaut horrifié en la découvrant toute barbouillée de rouge. Vous lui passez un bon savon.
   OUI ❑ NON ❑

7. Votre enfant de dix ans vous montre un dessin. Vous ne voyez qu'un pâté de couleurs barré de zigzags. Vous y jetez un rapide coup d'œil, vous murmurez « très bien » et vous reprenez votre lecture.

OUI ❑ NON ❑

8. Ou bien vous regardez la peinture et vous interrogez votre fils : « Qu'est-ce que c'est ? » S'il répond « un chien », vous répliquez, sourire aux lèvres : « Ça ne ressemble pas beaucoup à un chien ! »

OUI ❑ NON ❑

9. Un beau matin, votre fils de douze ans vous confie son désir de devenir danseur. Vous êtes pris(e) de panique. « La danse, c'est trop efféminé ! »

OUI ❑ NON ❑

10. Vous surprenez votre gamine de six ans en train de jouer avec la carabine de son frère aîné. Vous lui prenez le jouet des mains en disant : « Ce n'est pas pour les petites filles. »

OUI ❑ NON ❑

À présent, établissez votre score. Comptez le nombre de réponses « oui » et « non ». Évaluez-vous comme suit :

10 NON. Excellent ! Vous êtes le parent idéal pour un petit génie. Ne changez rien !

Plus de 7 NON, moins de 3 OUI. Vous avez encore de bonnes chances d'éveiller le génie de votre enfant. Toutefois, vous devez veiller à modifier certains de vos comportements.

Moins de 6 NON, plus de 4 OUI. C'est votre attitude générale qu'il faut remettre en cause. Sinon, vous risquez d'étouffer les capacités de votre enfant.

Vous l'avez sans doute remarqué, j'ai choisi des exemples simples, empruntés à la vie quotidienne. Il est évident que vos réactions à ce type de situations sont sujettes à variations. Mais examinons les questions par série et tâchons d'y voir plus clair. Si vous avez répondu NON aux dix questions sans hésitation, vous pouvez sauter les quelques paragraphes qui suivent. Si, en revanche, vous avez répondu OUI à l'une d'entre elles au moins, il serait peut-être préférable de chercher à comprendre ce que dissimule votre comportement.

OUI aux questions 1 à 5. Vous êtes sans doute débordé(e) et vous n'aimez pas être dérangé(e). Vous trouvez des moyens faciles d'occuper votre enfant afin qu'il ne soit pas dans vos pattes. Il vous faudra travailler principalement sur la gestion de votre temps.

OUI aux questions 2 à 6. Votre goût pour le rangement et la propreté est mis à rude épreuve. Vous vous sentez submergé(e) par le surcroît de ménage que vous allez devoir fournir. Demandez-vous (quand vous aurez retrouvé votre calme) si un brin de désordre dans la maison est vraiment si catastrophique…

OUI à la question 7. Vous êtes sans doute plongé(e) dans vos pensées, vous lisez un livre, une revue ou un rapport. L'interruption de votre enfant n'est pas la bienvenue. Essayez d'inspirer un grand coup avant de lui répondre. Vous sortirez peut-être de votre bulle et vous pourrez ainsi mieux communiquer avec votre enfant.

OUI à la question 8. « Mais quelle mouche a piqué mon petit génie ? Ce dessin est une horreur ! On ne reconnaît rien ! Il va falloir que je le reprenne en main ! » Il faut surtout vous demander s'il n'y a pas une autre façon d'envisager la situation.

Je peux aisément sympathiser avec les mobiles qui vous ont poussé(e) à répondre OUI aux questions **1 à 8**. Après tout, ce sont des réactions humaines. D'ailleurs, elles peuvent être facilement corrigées. Si vous vous êtes livré(e) à ce petit exercice en toute sincérité, vous conviendrez sans difficulté que la faute n'est pas le fait de votre enfant : elle incombe d'abord à votre surmenage, à vos soucis ou à vos attentes.

En revanche, si vous avez répondu OUI aux questions **9 et 10**, il va falloir changer radicalement d'attitude. Aucune loi ne spécifie que les filles et les garçons doivent jouer un rôle particulier dans la société selon leur sexe. Le génie est asexué. Il peut jouer tous les rôles. Un jour, sans doute, il se spécialisera dans un domaine, mais en attendant, la multiplicité des expériences lui sera un bagage utile dans tous les aspects de la vie. Un garçon aime jouer à la poupée ? Il deviendra peut-être un excellent pédiatre. Une petite fille qui consacre du temps à un jeu de construction exercera peut-être le métier d'ingénieur. Classer les jeux selon le sexe de l'enfant, cela me rappelle cette vieille tradition chinoise qui consistait à serrer les pieds des filles à l'aide de bandelettes, soi-disant pour les garder petits et « féminins » : ce genre de préjugés et de coutumes rétrogrades peut museler la croissance intellectuelle d'un enfant.

Si vous persistez dans cette attitude, l'enfant, lorsqu'il sera assez grand pour comprendre, se souciera tellement du regard d'autrui qu'il hésitera avant de prendre toute initiative. Il se demandera sans cesse s'il agit en conformité avec les normes sociales. Inversement, si vous êtes prêt(e) à jeter aux orties les a priori réactionnaires, votre enfant ne craindra jamais d'afficher son originalité. Vous pourrez mettre au point, pour que s'exprime son potentiel intérieur, des techniques qui prendront appui sur ses dons singuliers. Un tel génie se taillera certainement un rôle à part dans la société et dans le monde.

Pour éveiller ses talents de créateur, laissez-le prendre élan sur les trois tremplins déjà signalés.

La curiosité est mère de toute création. Encouragez votre enfant à poser des questions sur tout et n'importe quoi. Laissez-le explorer des situations inédites. Un auteur qui a bien « roulé sa bosse » pourra écrire un livre qui sera l'amalgame de tout ce qu'il a vécu. Il fera un écrivain de talent s'il a analysé les événements et compris la nature humaine dans toutes ses forces, ses faiblesses et tous ses paradoxes. Gardez cela présent à l'esprit. Et accordez toute votre attention à votre enfant lorsqu'il vous questionne. Jeunes, nous avons appris à respecter nos aînés. Il faut que l'inverse soit également vrai. D'ailleurs, les enfants ont naturellement peu de sympathie pour les adultes qui se moquent d'eux, qui les traitent de haut ou les ignorent.

Cela me rappelle un incident récent. Je bavardais avec une voisine qui était passée à la maison avec son petit garçon. Coup de sonnette à la porte. Je suis allée ouvrir et j'ai eu la bonne surprise de reconnaître une vieille amie.

— Je te dérange ? m'a-t-elle demandé. Je suis venue avec ma fille.

— Bien sûr que non, tu ne me déranges pas. Entrez donc.

J'ai fait les présentations et les deux enfants se sont aussitôt entendus comme larrons en foire. Mais j'ai remarqué que ma voisine avait un comportement étrange : elle ignorait aussi bien mon amie que sa petite fille. Toutes ses remarques m'étaient adressées, comme si elle et moi étions seules dans la pièce. Je n'avais jamais rencontré une telle attitude et j'étais terriblement embarrassée. Mon amie a géré la situation avec élégance, mais je la sentais perplexe. Sa fille de quatre ans s'est montrée plus directe. Après que ses ouvertures amicales eurent été délibérément repoussées par ma voisine, elle partit jouer avec le petit garçon. Un peu plus tard, nous l'avons entendue dire :

— Un jour, tu peux venir chez moi, mais n'amène pas ta mère !

À première vue, cette anecdote n'a rien à voir avec l'éclosion du génie. Si je l'ai racontée, c'est pour bien montrer cependant à quel point l'indifférence d'un adulte peut décourager les meilleures intentions chez un enfant. Soyez toujours à l'écoute. Quand votre fils ou votre fille vous interroge, prenez toujours le temps de lui répondre.

Vous pouvez aussi « muscler » son cerveau en lui posant d'autres questions. Par exemple, si vous venez de lire ensemble *Le Petit Chaperon rouge*, demandez-lui : « Qu'a vu le petit chaperon rouge dans la forêt ? » ou « Quelle espèce d'arbre les bûcherons étaient-ils en train de couper ? » Quand vous marchez dans la rue, vous pouvez attirer son attention sur ce qui se passe autour de lui. Par exemple : « À ton avis, pourquoi ces hommes creusent-ils la route ? » ou « Comment marche cette fontaine ? Comment l'eau arrive-t-elle au robinet ? » Discutez de la disposition des plates-bandes dans le parc : des fleurs violettes n'auraient-elles pas eu plus d'éclat que ces jaunes pâles ? Et ainsi de suite. Les possibilités sont infinies, à l'instar de la croissance du génie.

2. L'IMAGINATION

À l'école, votre enfant enregistre des données sur tous les sujets – géographie, histoire, mathématiques, physique, sciences humaines, etc. Mais les faits sans le secours de l'imagination sont comme des photographies sans couleurs. J'aimerais que chaque école enseigne une matière qu'on baptiserait « Appel à l'imagination ». L'enfant pourrait imaginer des sons improbables, des inventions absurdes ou toutes sortes de chimères, comme des chats volants ou des canards à trois pattes.

L'imagination est l'oxygène de la créativité. Elle insuffle partout la vie, la couleur et le plaisir. Mais elle a aussi une fonction pratique et nécessaire dans presque toutes les professions. Un savant commence d'abord par imaginer une hypothèse ou un concept. Puis il les vérifie grâce à ses données et à ses instruments. Lorsqu'une expérience échoue, il a encore recours à son imagination pour trouver un autre moyen de parvenir au résultat envisagé.

Votre enfant peut avoir un problème quelconque, supposons par exemple qu'il déteste faire ses devoirs. Il lui suffit d'imaginer une fée penchée sur son épaule, qui l'aide et l'encourage… et les devoirs se transformeront en une partie de plaisir !

Ne rabrouez jamais un enfant qui fait preuve d'une imagination « débordante », même si son histoire vous paraît invraisemblable. Un jour, j'ai entendu un père réagir avec colère :

— Mais qu'est-ce que tu me racontes ? Qui t'a mis ces idioties en tête ?

L'enfant risque d'adopter une attitude plus réservée à l'avenir. Il n'osera plus se servir de son imagination, étouffant ainsi son potentiel de créativité et sa capacité à résoudre les problèmes. Pour un génie, cette inhibition mentale est source de claustrophobie. Votre enfant doit pouvoir laisser libre cours à son imagination. Car les grandes idées naissent souvent des rêves les plus fous.

3. L'INDÉPENDANCE

Après ces deux tremplins, le troisième suit tout naturellement. L'indépendance confère de la puissance au génie. Si votre enfant a peur de ne pas remplir vos attentes, il ne sera jamais capable de s'exprimer de manière créative. Son potentiel ne pourra pas s'épanouir. Un génie a besoin de sentir avec certitude qu'il n'encourra aucune désapprobation s'il tente une expérience nouvelle. Car il tire sa satisfaction de cette volonté de toujours pousser plus loin les explorations. Par votre amour, vous encouragez cet esprit d'initiative. Fort de votre soutien, l'enfant se sentira en effet libre de ses mouvements. Ce sentiment d'indépendance renforcera sa confiance en lui et son génie créateur s'en trouvera stimulé.

Les trois tremplins que nous venons de passer en revue sont essentiels à la pleine expression du génie. Il y a peu, j'ai eu le plaisir d'observer la mise en pratique de cette vérité dans une épicerie. Une maman et sa fille sont entrées derrière moi, et j'ai tout de suite remarqué que la gamine, qui devait avoir huit ans, était d'une nature curieuse. Les yeux brillants, elle détaillait du regard chaque article l'un après l'autre, en posant de nombreuses questions à sa mère. Parfois elle prenait une boîte ou un bocal pour l'examiner. Sa maman ne la grondait pas, mais lui disait d'une voix calme de manier l'objet avec soin et de le remettre à sa place quand elle aurait fini. La curiosité et l'indépendance se manifestaient là de toute évidence. Lorsque ce fut son tour d'être servie, la mère demanda un kilo de lentilles. Malheureusement, l'épicière ne trouvait pas la masse d'étain qu'elle posait d'habitude sur le plateau de sa balance pour déterminer le poids exact de la marchandise. Elle a cherché un moment, de plus en plus énervée à cause des clients qui attendaient, s'en prenant finalement au pauvre garçon d'épicerie. J'allais proposer une solution lorsque la petite fille a ouvert la bouche :

— Pourquoi ne pas utiliser ceci comme tare ? dit-elle en pointant le doigt vers une étagère.

L'épicière s'est tournée vers ce qu'elle montrait. C'était une boîte de riz sur laquelle était écrit « 1 kilo ». J'ai admiré l'intelligence et l'à-propos de la petite fille. Voilà un cas d'école pour l'utilisation de nos trois tremplins : la petite fille avait déjà fait preuve de sa curiosité ; tout en observant autour d'elle, elle avait laissé courir son imagination ; enfin, sûre d'elle-même, elle se sentait assez indépendante pour avancer une suggestion qui se révélait constructive.

Hissez votre enfant sur ces trois tremplins : vous lui ouvrirez des horizons infinis – l'univers du génie !

11

Réglage de l'apprenti génie

Alors que j'étais venue prononcer une conférence dans une école, un petit garçon s'est approché de moi et m'a dit avec envie et regret :

— Tu en as de la chance ! Si seulement j'étais comme toi… Je pourrais trouver la solution à tous mes problèmes de maths sans avoir besoin de travailler.

D'abord plutôt amusée, je me suis ensuite un peu inquiétée :

— Tu sais, trouver la solution n'est qu'une partie du travail, lui ai-je expliqué. Il est tout aussi important de comprendre la méthode qui te mène à la bonne réponse.

J'ignore si le message est passé, mais le petit garçon est parti d'un air soulagé. Je rapporte cette anecdote à l'intention des parents qui considèrent que leur enfant est un bon élève parce qu'il a de bonnes notes à l'école, sans s'inquiéter de savoir s'il comprend ses devoirs et même s'il les apprécie. Parce qu'ils manquent de conseils, de nombreux élèves se contentent de mémoriser leurs manuels et, lors des examens, débitent les réponses à la manière de perroquets. Une bonne mémoire est certes un atout précieux, mais utilisée seule, elle a ses limites. Elle ne contribue pas à l'assimilation d'un savoir authentique : celui-ci ne peut être le fruit que de l'expérience et de l'interaction. Dans la plupart des cas, le parent joue là un rôle déterminant.

Un journal publiait récemment les résultats d'un sondage selon lequel « deux parents interrogés sur trois reconnaissaient ne pas faire preuve de suffisamment d'attention et de supervision parentale ». Si vous faites partie de cette catégorie, je vous exhorte vigoureusement à amender votre comportement. Si vous voulez que votre enfant devienne un génie, vous devez l'aider à apprendre. Pour cela, il doit acquérir certaines facultés et certains automatismes. De même qu'il faut régler une radio pour avoir une meilleure réception, le cerveau de votre enfant a besoin d'un réglage précis pour se caler sur la bonne longueur d'ondes... et sur la voie du génie. Quatre canaux vont nécessiter tous vos soins :

1. La motivation
2. La concentration
3. La compréhension
4. La mémoire

1. La motivation

La motivation est fille de l'indépendance. Quelque part dans un coin de sa tête, l'enfant a déjà compris que les parents et les professeurs sont les instruments de son acquisition du savoir ; il se tourne vers vous et vers les enseignants pour obtenir les réponses dont il a besoin. Mais il doit aussi se rendre compte que si vous pouvez fournir l'information souhaitée, personne ne l'apprendra à sa place. La notion d'indépendance entre donc en jeu à un âge précoce.

Récemment, une de mes amies a déménagé. Lorsque je lui ai rendu visite dans sa nouvelle maison, je lui ai demandé :

— Comment sont tes voisins ?

— Formidables ! m'a-t-elle répondu sans hésiter. À un détail près : depuis qu'ils savent que je suis professeur, ils m'envoient leurs enfants avec des tonnes de questions !

Elle a éclaté de rire puis elle est redevenue sérieuse.

— Tu sais ce qui m'étonne le plus ? J'ai l'impression que ça ne les dérangerait pas le moins du monde que je mâche le travail de leur progéniture. L'autre jour, une petite fille est venue me demander carrément de lui écrire une rédaction sur les chiens !

— Qu'est-ce que tu as fait ?

— Je lui ai prêté des bouquins. Au début, elle n'était pas très emballée. Mais quand je lui ai parlé un peu de ces livres, elle a paru plus enthousiaste. Finalement, elle m'a dit : « Tu sais ce que j'aime le plus chez les chiens ? Leurs yeux tendres et leur queue qui s'agite pour saluer les gens ! » Puis elle a ajouté d'un air pensif : « J'aimerais tant pouvoir agiter la queue ! » Je lui ai demandé pourquoi. Elle m'a expliqué : « L'année dernière, un petit garçon très triste a rejoint notre classe. La maîtresse nous a dit qu'il venait de perdre son père dans la guerre en Irak et que nous devions être gentils avec lui. Je voulais l'aider mais je ne savais pas comment m'y prendre. » Puis elle m'a regardée avec de grands yeux de cocker : « Si j'avais eu une queue, je l'aurais agitée, il aurait su que je voulais être son amie ! »

Je me suis sentie touchée par la générosité de cette petite fille. Puis je me suis aperçue que je tenais l'ouverture dont j'avais besoin. Je lui ai dit : « Tu as un grand cœur. Pourquoi ne racontes-tu pas cette anecdote dans ta rédaction ? » Elle m'a observée un moment, mi-perplexe, mi-ravie. « Je peux vraiment ? » m'a-t-elle demandé. « Bien sûr ! » Et tu sais quoi ? Elle s'est assise à ma table et s'est mise à écrire une très jolie rédaction ! Quand elle me l'a montrée, je lui ai dit : « Bravo ! Tes parents et ta maîtresse seront fiers de toi ! »

— Tu as toujours été une merveilleuse pédagogue, ai-je dit à mon amie.

Qu'avait-elle fait en somme ? Elle avait consacré un peu de temps à la petite fille pour découvrir les ressorts capables de la motiver. Puis la jeune élève avait pris conscience qu'elle pouvait accomplir le travail elle-même. Plus tard, j'ai su par cette amie que la rédaction avait fait sensation : la petite fille avait reçu la meilleure note de la classe et la maîtresse lui avait demandé de lire sa copie devant ses camarades. Cet honneur avait dopé sa confiance en elle. Après cette expérience, elle a écrit toutes ses rédactions seule, obtenant chaque fois d'excellentes notes. Aujourd'hui, elle rêve de devenir écrivain et d'écrire un roman-fleuve. Comme quoi les petits ruisseaux mènent vraiment aux grandes rivières !

Pour motiver votre enfant, il vous faut passer du temps avec lui, comprendre ses centres d'intérêt, puis le guider. Encouragez-le à faire seul ses devoirs en puisant son inspiration dans son vécu et dans ses goûts personnels. Vous devez aussi reconnaître et louer les efforts qu'il fournit. Pour lui montrer votre appréciation, dites par exemple à votre conjoint (assez fort pour que l'enfant l'entende) :

— Claire est tellement intelligente et indépendante. Aujourd'hui elle a écrit une superbe rédaction sur les chiens, toute seule !

Si votre conjoint répond « c'est vrai ? Il faut que je la lise ! », c'est encore mieux. Certains psychologues de l'enfance appellent cela la méthode « à portée d'oreille ». Mais vous pouvez aussi féliciter directement votre enfant, par exemple lorsqu'il rapporte un bon bulletin scolaire à la maison. Vos louanges lui feront extrêmement plaisir.

Autre technique tout aussi efficace : les rêves d'anticipation. Si vous dites à votre enfant que son travail assidu peut un jour lui valoir l'obtention d'une bourse ou d'un emploi gratifiant dans le domaine qui l'intéresse, il aura sans doute envie de se donner à fond.

2. La concentration

Un des plus mauvais services qu'un professeur puisse rendre à un enfant, c'est d'inscrire sur son bulletin scolaire des remarques du genre « manque de concentration » ou « tête en l'air ». À la maison, les parents poussent des exclamations horrifiées et lui font des reproches. Le professeur comme les parents contribuent ainsi à forger chez l'enfant une image de soi négative. Cela peut se révéler extrêmement préjudiciable à son développement et à son avenir en général. Je conseillerais plutôt au professeur d'organiser un entretien discret avec les parents, lesquels pourront ensuite prendre les mesures qui s'imposent pour corriger une éventuelle faiblesse.

La première étape vers la concentration optimale consiste à donner à l'enfant une image de soi positive. On y parvient de différentes manières, par exemple en magnifiant ses « exploits ». Lorsque votre enfant vient à bout d'un puzzle, n'hésitez pas à le féliciter de la sorte :

— Bravo ! Il faut une force de concentration extraordinaire pour réussir ce puzzle en si peu de temps ! Vite, va le dire à papa !

Tandis qu'il raconte sa prouesse à papa, l'enfant se persuade déjà qu'il dispose d'une belle force de concentration. Il convient bien sûr que le père se joigne au concert de louanges.

Vous pouvez utiliser de nombreuses situations de la vie courante pour renforcer l'image positive que votre enfant peut avoir de lui. Par exemple, s'il est amateur de tennis, et que son héros est Pete Sampras, pourquoi ne pas vous en servir ? Dites-lui :

— Pete Sampras est un grand champion de tennis parce qu'il sait rester concentré. Je sais que tu en es capable, toi aussi !

Encouragez votre enfant à se répéter : « Je peux le faire ! » Racontez-lui des anecdotes mettant en scène des personnes qui, confrontées à des situations difficiles, se sont murmuré ces mêmes mots magiques. Elles ont ensuite puisé dans leur pouvoir de concentration… et le tour était joué ! En mêlant l'estime de soi, les exemples et les anecdotes, vous aiderez votre enfant à acquérir cette concentration indispensable à tout travail prolongé.

Dans un livre intitulé *Pourquoi les enfants échouent à l'école*, l'écrivain et éducateur américain John Holt écrit : « Lorsque j'emploie le mot *intelligence*, je désigne un mode de comportement dans des situations variées. Le véritable signe d'intelligence, ce n'est pas tant la somme de nos connaissances et de notre savoir-faire, mais bien notre façon de réagir lorsque précisément nous ne savons pas quoi faire. » C'est ici qu'entre en jeu la compréhension : le génie est celui qui sait mettre en application les techniques appropriées pour faire face à des situations inédites. Il n'est pas seulement le dépositaire passif d'une masse d'informations. Il est capable de mobiliser ses connaissances à bon escient.

Un enfant ou un adulte qui n'a pas suffisamment cultivé cette forme élevée de compréhension risque de paniquer ou de baisser les bras lorsqu'il est confronté à un problème nouveau. Pour savoir où vous vous situez, essayez de résoudre le problème suivant. Seul(e) d'abord, puis proposez-le à votre enfant. Faites cet exercice mentalement, n'utilisez ni papier, ni crayon, ni calculatrice. Ne vous donnez pas plus de cinq minutes.

2 x 10 x 25 x 6 x 4 x 3 x 2 x 32 x 0 x 5 x 11 x 4 x 3 x 31 652 = ?

Quelle est la réponse ? Beaucoup vont jeter un coup d'œil effaré à cette longue série de chiffres et renoncer aussitôt. Mais comment s'y prend une personne qui a développé sa compréhension ? Elle se lance avec l'a priori que rien n'est impossible et que les problèmes en apparence les plus complexes ont parfois des solutions très simples. Cinq minutes laissent beaucoup plus de temps qu'il n'y paraît. Cette personne va donc examiner les chiffres et les nombres avec attention et il ne lui faudra pas plus de quelques secondes pour trouver la bonne réponse. Le total de cette opération est zéro.

Pour y parvenir, il fallait se donner la peine d'étudier soigneusement les chiffres. À partir du moment où vous aperceviez le zéro coincé en milieu de ligne, le problème était aussitôt résolu, puisque tout nombre multiplié par zéro égale zéro.

Une bonne compréhension vient de la même source qu'une bonne concentration : cette certitude du « je peux le faire ». Fort de cette approche positive, un enfant sait que, si la réponse vient à lui échapper, il peut toujours la chercher dans ses manuels ou ses ouvrages de référence. Il n'oublie pas qu'il peut aussi demander de l'aide à un professeur ou à un parent. Il aborde les problèmes sur une base solide dès lors qu'il a compris que rien n'est impossible.

Pour aider votre enfant à développer cette qualité, vous pouvez lui proposer la stratégie que j'appelle « opération Solution » et qui se décompose en trois temps :

1. Les données
2. La méthode
3. La solution

Considérons le problème suivant :

Paul a l'âge qu'avait Pierre il y a cinq ans. Jacques, âgé de quinze ans, a quatre ans de plus que Pierre. Quel âge a Paul ?

L'opération Solution entre en action :

1. Les données
   a) Paul a l'âge qu'avait Pierre il y a cinq ans ;
   b) Jacques, quinze ans, a quatre ans de plus que Pierre.
2. La méthode
   a) l'âge de Pierre = l'âge de Jacques moins quatre. 15 – 4 = 11. Pierre a onze ans ;
   b) l'âge de Paul = l'âge de Pierre moins cinq ans. 11 – 5 = 6.

3. La solution
Donc Paul a six ans.

Il est important de bien comprendre dès le début qu'il y a un objectif à atteindre. Examinez attentivement les données, puis utilisez la méthode pour atteindre la solution. Il ne s'agit bien sûr que d'un exemple. Mais c'est en utilisant des exercices de cet ordre que vous aiderez votre enfant à développer ses facultés de raisonnement.

4. La mémoire

Dans le chapitre 6, j'ai expliqué comment, en racontant des histoires à votre enfant, vous l'incitiez à se créer un « film intérieur ». Une bonne mémoire lui permettra de retenir et d'emmagasiner ces images dans son cerveau. Vous pouvez lui rendre un service inestimable en stimulant cette mémoire lors de conversations à bâtons rompus. Veillez à ce que ces discussions restent légères, sans pression ni aucune exigence de votre part. Assurez-vous aussi que l'attention de votre enfant ne faiblit pas. S'il vit ces « séances » comme des séances stressantes, sa motivation en souffrira et l'exercice n'atteindra pas son but.

Je prends pour exemple une image du *Mahãbhãrata*, lorsque le professeur enseigne au prince Arjun à tirer à l'arc. La discussion peut se dérouler comme suit :

La mère : Sur quoi tire le prince ?
L'enfant : Sur un oiseau.
La mère : Où est l'oiseau ?
L'enfant : Dans l'arbre… Sur une branche, tout près de la cime. Son plumage rouge se détache nettement sur le feuillage vert.
La mère : Le prince a-t-il choisi un bon angle de tir ?

L'enfant (hésitant) : Oui, je crois, puisqu'il a fini par toucher l'oiseau. Si je trace une ligne droite... (il dessine sur une feuille)...

La mère: Que porte le prince Arjun ?

L'enfant: Un costume rouge. Et une ceinture rouge... Une couronne sur la tête... Des bracelets... Et un carquois rempli de flèches sur le dos !

La mère: Comment se tient-il ?

L'enfant: Il a les jambes écartées. Je ne vois pas ses pieds, ils sont cachés par l'herbe haute.

Au début, il est préférable de proposer ainsi à votre enfant des illustrations à commenter. Par la suite, plongé dans un livre, il formera lui-même des images dans son esprit à la lecture d'un paragraphe. Cet exercice renforce la capacité d'un enfant à retenir l'information.

Si vous savez canaliser les énergies mentales de votre enfant dans ces quatre directions (motivation, concentration, compréhension et mémoire), vous en ferez à coup sûr un élève doué. Encore une fois, veillez à ce que tous ces exercices s'exécutent dans une atmosphère détendue. L'enfant ne doit jamais se sentir soumis à une sorte de mise à l'épreuve permanente. Cela provoquerait en lui du stress et de l'angoisse, sources presque certaines d'échec.

Autre élément important, vous devez proposer à votre enfant des occasions fréquentes de s'instruire. Les sorties teintées d'un élément culturel ou éducatif lui fourniront une meilleure compréhension de ce qu'il apprend dans les livres. Elles donneront plus de profondeur à son savoir. Il pourra parler à partir d'expériences vécues. La vie deviendra amusante, excitante et enrichissante, ce qui renforce sa motivation. Et c'est ainsi que vous pavez le chemin vers le génie !

12

Le génie trempe sa plume

Il y a de la magie dans l'écriture. Lorsqu'un enfant commence à coucher des mots sur le papier, son cerveau se trouve traversé par de douces vibrations, provoquées par la mise en action du raisonnement et par le désir de communiquer ses pensées. Dès lors que l'enfant sait parler, beaucoup de parents s'imaginent qu'il est prêt à aborder l'écrit, mais ce n'est pas tout à fait le cas, parce qu'il ne faut pas sous-estimer une étape intermédiaire. Cette étape, c'est le dessin.

Le dessin est un merveilleux moyen de communication. Je me souviens d'une publicité formidable à la télévision il y a quelques années. Elle montrait une main d'enfant en train de dessiner des petits bonshommes au trait schématique, avec des bâtons en guise de bras et de jambes. Le premier personnage terminé, l'enfant disait : « Ça, c'est papa ». Puis : « Ça, c'est ma maman. » Il commençait une troisième figure. Après une courte hésitation, il effaçait les jambes, en disant : « Et ça, c'est moi ». C'était une publicité en faveur des handicapés. Un bijou de communication. Encore aujourd'hui, je suis très émue en y repensant.

Le dessin est important pour l'enfant car il lui permet de communiquer ses sentiments de manière simple. C'est aussi un excellent préambule à l'écriture. Il faut donc encourager le jeune génie à dessiner. Offrez-lui un carnet de croquis et des crayons, laissez-le gribouiller à loisir. La maîtrise de la langue orale, puis le dessin et enfin la lecture, voilà les étapes qui mènent graduellement à l'écriture. Vous constaterez peut-être qu'un enfant qui parle « comme un moulin » semble trouver un certain calme intérieur lorsqu'il dessine ou écrit.

L'écriture peut en effet apporter d'immenses satisfactions. C'est une pratique jubilatoire car l'impression d'intimité que l'on éprouve devant une feuille de papier et un stylo nous autorise à nous « lâcher ». D'une certaine façon, écrire n'est rien d'autre que dessiner ou peindre des mots. Et c'est une nécessité absolue pour le génie en herbe. Malheureusement, dans les classes traditionnelles, il est presque impossible à un professeur d'accorder de l'attention à tous ses élèves, en tout cas pas le genre d'attention dont ils auraient besoin pour développer pleinement leur potentiel d'écriture. Mais en tant que parent, vous pouvez apporter tous vos soins à ce domaine. Écrire favorise la clarté et la cohérence de la pensée, le sens de l'organisation et la discipline. Cela aide aussi votre enfant à devenir un bon « communicant ». Pour l'encourager, je vous engage à mettre en pratique les quelques conseils qui suivent.

Témoignez votre intérêt et votre amour

Puisque votre but est de rendre l'écriture plus facile, plus plaisante, *ne forcez pas votre enfant*! Faites preuve d'intérêt, ne lésinez pas sur les éloges et transformez les travaux de copiste en un passe-temps agréable. Lisez des histoires et des poèmes. La musicalité des mots et le rythme de la poésie frappent l'imagination. Lisez aussi des vers libres. Faites en sorte que votre enfant vous voie souvent en train de lire et d'écrire, comme s'il s'agissait d'une activité normale et naturelle. Jouez au Scrabble et laissez votre enfant consulter le dictionnaire. Récemment, je faisais une partie chez des amis, en famille, lorsque le plus jeune des enfants a formé le mot « zircon ». Aussitôt, ses frères et sœurs ont élevé des protestations : « Ça n'existe pas ! » se sont-ils récriés. « Si », a-t-il maintenu. Et pour prouver qu'il avait raison, il est allé chercher un énorme dictionnaire et leur a montré la définition du mot. Vous pouvez aussi vous amuser à trouver des synonymes ou des contraires. C'est à la fois distrayant et instructif. Ou bien demandez à chaque membre de la famille de trouver des palindromes, ces mots ou phrases qui peuvent se lire indifféremment de gauche à droite ou de droite à gauche, comme le fameux « Ésope reste ici et se repose » ou encore « Tu l'as trop écrasé, César, ce port-salut ». Ces jeux enrichissent le vocabulaire de votre enfant et lui seront très utiles lorsqu'il commencera à écrire. Se forger un vocabulaire, c'est déjà forger son génie. Essayez-vous à toutes sortes de mots croisés, anagrammes, boustrophédons et autres cryptographies.

Pour le parent débordé

Vous êtes peut-être de ces parents qui, malgré tous leurs efforts, ne parviennent pas à passer assez de temps avec leur enfant. Pourtant, vous avez un garçon (ou une petite fille) plein d'entrain, et qui a la langue bien pendue. Il a toujours quelque chose à vous dire. Demandez-lui de coucher ses pensées par écrit. C'est un bon exercice pour le génie en puissance. Par ailleurs, les enfants trouvent parfois plus facile d'écrire une chose que, pour une raison ou une autre, ils n'arrivent pas à exprimer oralement. Un jour, une mère m'a montré un petit mot griffonné par sa petite fille à son intention, alors qu'elles habitaient dans la même maison. Ce mot disait : « Mon frère m'a tapée. »

Le langage parlé a tendance à être plus direct, plus plat aussi : « Il pleut... » Mais si vous demandez à votre enfant d'écrire un petit texte sur la pluie, il pourrait vous surprendre : « Il pleut. On dirait des flèches qui tombent du ciel. » Voici un poème rédigé par un enfant de six ans :

Dans la mare le poisson saute de joie
Les grenouilles en restent coites
Les canards sont comme des rois
Il pleut !

Le gazon boit à grandes gorgées
Les fleurs soudain sont réveillées
Et le ver de terre pointe le nez
Il pleut !

Flic, floc, les gouttes rafraîchissent,
Elles glissent sur les feuilles lisses
Et c'est toute la nature qui bruisse
Il pleut !

Le bon endroit

Dans les chapitres précédents, j'ai dit combien il était important pour un enfant d'avoir une chambre bien équipée, notamment en papier et crayons. Mais s'il veut s'asseoir à la table de la salle à manger pour écrire (en dehors des repas, cela s'entend), laissez-le faire. Pour éveiller le génie d'un enfant, il faut permettre à sa créativité de s'exprimer où bon lui semble.

Et le temps qu'il faut

Si vous demandez à votre enfant d'écrire un petit texte, ne restez pas penché(e) sur son épaule à le surveiller. Donnez-lui le temps de réfléchir. La réflexion est une composante essentielle de l'écriture. De nombreux auteurs célèbres ont même déclaré que cette « maturation » prenait beaucoup plus de temps que l'écriture à proprement parler. Vous trouverez peut-être votre enfant en train de « rêvasser », vaguement occupé à tailler son crayon, à feuilleter un livre ou à regarder par la fenêtre. Laissez-le tranquille – son esprit s'envole vers les cimes du génie !

SURVEILLEZ VOS RÉACTIONS

Ayez toujours un mot d'encouragement à la bouche. Vous êtes là pour donner un « coup de pouce », pas un « coup de frein ». Intéressez-vous à ce qu'écrit votre enfant, pas à sa façon d'écrire. À ce stade, les fautes d'orthographe sont bénignes et le parent aura la sagesse de les ignorer. Ce qui compte, ce sont les idées exprimées et la manière de les agencer, pas l'orthographe ni la grammaire.

N'ÉCRIVEZ JAMAIS À SA PLACE

Ne faites jamais une rédaction ou quelque autre travail dont votre enfant sera présenté comme l'auteur. Ne réécrivez pas non plus son texte. En effet, d'autres éléments importants entrent ici en jeu, en dehors du simple acte d'écrire : apprendre à respecter la date limite fixée par le professeur mais aussi assumer la responsabilité d'un produit fini. Votre enfant a besoin d'éprouver cette joie du travail accompli. En d'autres termes, il faut qu'il puisse jouir de ses « droits d'auteur ». Cela renforce sa confiance en lui, son goût de l'indépendance ainsi que sa discipline personnelle.

NE SOYEZ JAMAIS CRITIQUE

Le génie se nourrit d'éloges. En toute situation, sachez trouver les points positifs. Louez l'originalité, l'expression d'un talent personnel. Parmi les bons côtés, n'oubliez pas :

le goût du détail, les descriptions vivantes, les idées neuves, stimulantes pour l'esprit, l'imagination…

L'IMITATION

Au début, votre enfant peut imiter un auteur qu'il admire tout particulièrement. Ne vous inquiétez pas, ne le lui faites même pas remarquer. Car l'imitation est le début de l'invention. Vous ne tarderez pas à vous apercevoir que l'enfant adapte les idées et les fait siennes. Je connais un auteur de livres pour enfants qui, dans sa jeunesse, admirait beaucoup Enid Blyton, surtout la série du *Club des Cinq*. Son premier livre, fortement inspiré de ce modèle, s'appelait *La Bande des Trois*. Aujourd'hui, elle connaît un grand succès, dans un style très original. Votre enfant saura lui aussi se trouver peu à peu.

L'ÉCRITURE COMME TRAIT D'UNION

Pour les fêtes, encouragez votre enfant à écrire lui-même à ses amis ou à la famille, plutôt que d'acheter des cartes de vœux toutes faites. Je connais une petite fille qui fabrique ses cartes et écrit des messages personnels à l'intérieur. Les destinataires, enchantés, ne manquent pas de répondre. C'est aussi le bon moment pour encourager votre enfant à se trouver un correspondant. Le fait d'envoyer des lettres et des photos est aussi enrichissant que d'en recevoir. C'est également une fenêtre que l'on ouvre, par le biais du langage, sur le monde extérieur.

Transcription. Si votre enfant aime particulièrement une chanson, suggérez-lui d'apprendre les paroles en les transcrivant sur papier à partir de la cassette ou du CD. Il peut également noter ses expressions, ses citations ou ses poèmes favoris, prélevés dans les livres, les pièces de théâtre ou les films.

Listes. Dresser des catalogues organise le cerveau du génie. Encouragez donc votre enfant à établir la liste de ses disques, cassettes, CD, livres, etc. Avantage non négligeable, il aura ainsi une médiathèque bien rangée. Si vous prévoyez de partir en vacances, confiez-lui la liste des vêtements et autres accessoires à emporter. S'il se sent un jour submergé de travail, proposez-lui de noter sur une feuille les nombreuses tâches qu'il doit accomplir. Chaque fois qu'il en aura achevé une, il consultera sa liste d'un œil satisfait avant de s'atteler à la suivante avec une énergie retrouvée.

Journaux. Les journaux intimes sont d'excellents exercices pour nos génies en herbe qui en viennent peu à peu à les considérer comme des confidents. *Le Journal d'Anne Frank*, qui remporte autant de succès auprès des adultes que des enfants, nous fait partager les sentiments d'une jeune fille, ses peurs, ses déceptions et sa vision du monde. Une de mes amies, qui avait huit ans pendant la guerre indochinoise de 1962, me racontait récemment que ce livre l'avait incitée à tenir son propre journal pendant ces temps troublés.

— Je me souviens, j'ai même conservé des morceaux de cire fondue provenant des bougies que nous utilisions pendant le couvre-feu. Ce journal m'a beaucoup aidée parce qu'il écartait la peur et donnait à cette guerre des allures romanesques !

Voilà comment un journal intime peut faire office à la fois d'ami et de moyen d'expression, voire de catharsis dans des circonstances difficiles. Votre enfant peut tenir un relevé météorologique, une revue de presse, un carnet de route, ou tout autre type de journal. Une revue de presse peut s'enrichir des manchettes découpées dans les journaux; des photos ou des cartes postales peuvent illustrer un carnet de voyage. Un journal est toujours un merveilleux moyen de développer un talent d'écriture.

Votre enfant ne deviendra pas forcément écrivain ou journaliste, mais savoir bien écrire est un atout incontestable dans n'importe quelle profession. Un cadre commercial ou un directeur artistique fera approuver son projet grâce à un exposé clair et convaincant. Et s'il doit prendre la parole en public, un discours bien rédigé peut faire toute la différence. Ne l'oubliez jamais. Encouragez votre génie à écrire, encore et toujours !

13

Éveiller le génie : une affaire d'attitude

Que voit votre enfant lorsqu'il se regarde dans le miroir ? Je vais poser la question d'une autre manière : que fait votre enfant quand vous posez devant lui une tablette de chocolat ? Il va probablement s'exclamer :

— Miam ! Je vais la manger !

À présent, placez sous son nez le plat qu'il déteste par-dessus tout – des épinards ou des endives – et observez sa réaction. Il va sans doute faire la grimace et annoncer avec dégoût :

— Beurk ! Des épinards !

La première réaction est une *réponse positive,* la seconde, une *réponse négative.* Revenons maintenant à ma toute première question : que voit un enfant lorsqu'il contemple son reflet dans la glace ? A-t-il une réponse positive ou négative ? Vous n'y avez peut-être jamais songé, et pourtant il est important que vous vous y arrêtiez un moment. Peu importe ce que l'enfant voit effectivement, ce qui compte c'est la perception qu'il en a. Cette perception, c'est l'image de soi qu'il porte en lui, une image qui va influencer tous les aspects de sa vie future.

J'en ai trouvé un excellent exemple dans un film qui est repassé il y a peu à la télévision et qui s'intitule *Separate but equals,* avec Sidney Poitier. C'est un film fort qui traite du racisme et de la lutte des Noirs américains pour l'égalité des droits. Dans une scène, on donne à des petites filles afro-américaines deux poupées, une noire et une blanche. On leur demande laquelle est la plus jolie et, sans hésitation, tous les enfants choisissent la poupée blanche ! Quel héritage écrasant nous leur avons légué ! Ces enfants noirs ont une estime d'eux-mêmes très faible, presque inexistante. À leurs yeux, le Blanc est forcément supérieur, plus beau. Cette scène terrible mettait en évidence le fait que les Noirs sont méprisés non seulement par les Blancs, mais par les Noirs eux-mêmes. Avec une image de soi aussi négative, comment un enfant noir américain peut-il s'élever, même si on lui en fournit l'occasion ? Cet exemple illustre bien, je crois, l'importance de ma première question qui a pu vous paraître saugrenue : que voit votre enfant lorsqu'il se regarde dans la glace ?

Nous le savons, ce qu'il perçoit du monde est en grande partie influencé par votre propre vision. Vos réactions, votre attitude et votre langage corporel agissent comme des indicateurs. Si vous croyez sincèrement que votre enfant peut réussir ce qu'il entreprend, et si vous le lui témoignez, il aura plus de chance de s'en persuader à son tour.

Je connais une mère qui n'a pas reçu d'éducation très poussée, et qui n'a pas non plus lu de guides parentaux. Elle a donc élevé ses enfants « à l'instinct », en se fondant principalement sur son immense amour pour eux. Eh bien chacun de ses enfants a réussi dans son domaine. Aujourd'hui, ils sont épanouis et équilibrés. Pendant leur jeunesse, leur mère voyait très nettement qu'ils cherchaient des réponses auprès d'elle. Elle sut donc être tout à la fois une mère, un professeur, une compagne de jeux, une artiste, une scientifique, une psychologue, une amie, un guide, une élève et un censeur, selon l'occasion. En outre, ses enfants ont grandi dans l'assurance de l'amour inconditionnel de leur mère, et d'un sens aigu de leurs progrès possibles. Lorsque l'un d'eux obtenait une bonne note à l'école, elle le félicitait puis faisait doucement remarquer qu'il pouvait réussir tout aussi bien dans d'autres matières. Elle encourageait ainsi ses enfants à donner le meilleur d'eux-mêmes. Aujourd'hui, elle a soixante-dix ans. Ses enfants sont adultes et mariés, mais elle n'a pas changé d'attitude. Sans en avoir pleinement conscience, elle a toujours consolidé leurs points forts et s'en est servie pour renforcer leurs points faibles. Sa fille m'a raconté l'anecdote suivante :

— Mon père exigeait que nous ayons toujours de bonnes notes en mathématiques, alors nous avons beaucoup travaillé. Un jour, j'ai rapporté mon bulletin scolaire et mes parents ont été surpris : j'avais obtenu 20 sur 20 en maths mais 14 seulement en histoire. Par la suite, ma mère, qui connaissait mon potentiel, m'a encouragée dans toutes les matières, et pas seulement en maths.

Comme cette mère, il faut veiller à ne pas laisser passer les occasions. Servez-vous toujours des points forts pour relever les faiblesses. Trop souvent, les parents imposent une vision unidimensionnelle à leurs enfants. Selon leur profession (ou parfois celle dont ils ont rêvé), ils ont tendance à pousser leur progéniture vers un domaine en particulier. Le père est ingénieur ? Il mettra l'accent sur les mathématiques. La mère est femme d'affaires ? Elle voudra voir son enfant intégrer une école de commerce, même si ses goûts le portent ailleurs. À l'inverse, un chirurgien menant une vie éprouvante pourra annoncer : « Pas question que mon fils fasse médecine ! »

L'une comme l'autre de ces approches tendent à annihiler le génie qui était à portée de main. Un enfant a le droit de formuler ses idées, de revendiquer ses centres d'intérêt et de décider de son existence. En lui imposant une filière, ou en l'en détournant, on ne réussit qu'à fixer des bornes à son potentiel. Lorsqu'on attache une pierre au cou de quelqu'un et qu'on le place au milieu d'un lac, il ne peut aller que dans une direction : vers le fond. Ne ligotez pas votre enfant avec vos attitudes ou idées. Si ses goûts le portent dans une direction différente de la vôtre, vous devez lui donner de la corde, le laisser grandir et s'épanouir sur le terrain qu'il a choisi. Plutôt que de chercher à le dissuader, vous ferez meilleur usage de votre influence en l'aidant à croire en ses chances.

Pensez à un sculpteur qui s'empare d'un matériau brut, d'un bloc d'argile, pour en faire une œuvre d'art. Il commence par « voir » le potentiel, imagine le résultat final, puis se met au travail. Le matériau brut, c'est votre attitude. C'est en grande partie en s'appuyant sur elle que votre enfant construit son image de soi. Si vous le croyez capable de réussir, il ne mettra pas en doute ses aptitudes. De votre confiance en lui naîtront sa confiance en soi, son optimisme et son esprit d'initiative.

Nombreux sont les parents qui commettent l'erreur de prendre pour argent comptant ce qu'ils observent passivement de l'extérieur. Un enfant donne des signes de réussite ? On le croit capable. Dans le cas contraire, on se dit qu'il sera médiocre tout au plus. Bref, la balle est toujours dans le camp de l'enfant, pendant que l'adulte reste assis sur sa chaise d'arbitre ! L'attitude des parents est considérée comme la conséquence du succès ou de l'échec de l'enfant, alors qu'elle en est souvent la cause. Si vous voulez que votre enfant réussisse dans la vie, vous devez renoncer à vos comportements négatifs et à vos conceptions unidimensionnelles.

Certains parents vont me dire :

— J'ai offert à mon enfant tout ce dont il avait besoin. Je lui ai acheté des livres, des jouets, des jeux. Que puis-je faire de plus ?

Je répondrai à cette question par d'autres questions. Quels étaient votre attitude et votre langage corporel quand vous avez donné ce matériel éducatif à votre enfant ? Avez-vous pris un intérêt sincère à ses activités ? Et j'insiste sur le mot *sincère*. Car vous avez peut-être témoigné de l'intérêt, vous avez encouragé votre enfant, vous l'avez soutenu. Mais votre comportement était-il étayé par une confiance absolue dans ses capacités ? Un enfant est extrêmement sensible à votre ton, à votre expression et à vos messages corporels. Un mot d'encouragement forcé, un sourire exagéré, une posture rigide sont autant d'indices à ses yeux. Il sait distinguer un éloge sincère d'une flatterie, si déguisée soit-elle. Une étincelle dans le regard en dit souvent beaucoup plus long que les mots. Vous risquez d'affecter profondément son estime de soi et son aptitude à la réussite.

Cela me conduit au concept de « Croire et Agir ». Si votre enfant *croit* qu'il peut réussir, il *agira* comme quelqu'un qui réussit. La liste ci-dessous peut constituer vos douze commandements pour amender votre attitude envers votre enfant.

Je crois en toute sincérité que mon enfant est :

1. Intelligent
2. Capable
3. Créatif
4. Vif
5. Avide de connaissances
6. Athlétique
7. Travailleur
8. Coopératif
9. Sensible
10. Indépendant
11. Beau
12. Heureux

Si vous gardez en mémoire ces douze commandements, si vous les tenez pour vrais et si vous démontrez cette sincérité par un comportement affectueux, votre enfant aura des ailes !

J'insiste beaucoup sur les témoignages d'amour car ils évitent le risque toujours possible d'attentes excessives de la part des parents. Si votre enfant ne peut répondre à vos critères trop élevés, il va finir par s'angoisser et par manquer de confiance en lui. Inquiet de ne pas être à la hauteur, il perdra en concentration et développera immanquablement un sentiment d'échec. Son image de soi ne sera plus celle à laquelle il aspirait. Il se considérera comme un bon à rien. Il perdra tout allant, toute motivation, son potentiel sera sérieusement amoindri. Au lieu d'être de simples leçons sur lesquelles rebondir, ses échecs lui apparaîtront comme la preuve tangible de son incapacité. Les réprimandes et les punitions ne feront alors que le conforter dans cette pensée. Inversement, si vous conservez une attitude positive, sans jamais fixer d'objectifs inaccessibles, votre enfant peut travailler en toute liberté, sans courir après une image de soi irréaliste. Encore une fois, l'attitude de votre enfant commence par la vôtre. Vous êtes persuadé(e) qu'il possède un don unique? Il va le développer naturellement, sans effort. La confiance en soi et l'estime personnelle feront des merveilles: son génie sera éveillé.

14

Pouvoir de la motivation

Lorsqu'une inondation, un tremblement de terre, un ouragan ou toute autre catastrophe frappe le monde, qu'est-ce qui pousse les hommes à se retrousser les manches et à continuer ? Une énergie puissante, un élan volontaire que l'on appelle selon les cas la détermination ou la motivation. C'est à mon sens ce que symbolise l'arche de Noé dans la Bible et c'est une vertu que l'on trouve aussi au cœur de toute la philosophie de Krishna. Animés par cette force intérieure, les saints comme les savants ont éclairé l'humanité de leurs découvertes. C'est cette motivation qui a conduit Bouddha à renoncer à son existence princière pour partir en quête du nirvãna et offrir au monde une nouvelle religion. C'est aussi grâce à elle que Thomas Edison a surmonté dix mille échecs avant de mettre au point l'électricité. Grâce à elle encore que le mahãtma Gandhi a bouté les Anglais hors d'Inde, libérant le pays. On pourrait multiplier les exemples à l'infini. À un niveau personnel, la motivation nous élève de l'ordinaire à l'extraordinaire. C'est cette force puissante qui nous fait rejeter nos doutes et croire en notre potentiel.

Or j'ai une excellente nouvelle à vous annoncer : votre enfant dispose d'une motivation innée. Malheureusement, les circonstances de la vie qui nous assaillent dès l'enfance nous conduisent parfois à la mésestime de soi, au découragement et à la dépression. Pour développer au maximum la motivation naturelle de votre enfant, il est important de suivre les six conseils suivants :

1. Offrez-lui une atmosphère familiale saine et stimulante.

2. Veillez à ce que votre esprit et le sien poursuivent toujours des objectifs positifs.

3. Fréquentez des personnes qui respirent l'optimisme et l'action. (Ne vous laissez pas influencer par des esprits négatifs et par tous ceux qui tentent de vous rabaisser.)

4. Servez-vous des autosuggestions positives pour stimuler votre motivation et celle de votre enfant.

5. N'essayez jamais d'« annexer » le cerveau de votre enfant. Au contraire, encouragez-le toujours à l'indépendance.

6. Faites pénétrer votre enfant dans l'univers des hommes et des femmes célèbres, inventeurs, philosophes, savants, artistes ou personnages historiques.

Lorsqu'un enfant est fortement motivé, les parents font sans doute preuve d'une attitude positive. Ils l'encouragent dans toute ses entreprises. Quelle est votre contribution ?

- Avez-vous déjà réagi de manière neutre aux prouesses de votre enfant ?
- Avez-vous puni votre enfant pour un échec ?
- Avez-vous embarrassé ou dénigré votre enfant en public ?
- Vous êtes-vous moqué(e) de lui et de ses « différences » ?
- Avez-vous suivi de manière détachée l'éducation de votre enfant ?
- Avez-vous exigé un niveau d'excellence qui pouvait se révéler irréaliste ?

Tous ces points recèlent des réactions négatives qui diminuent la motivation de votre enfant. L'indifférence et le désintérêt coupent les jambes, les moqueries et l'humiliation suscitent le ressentiment, les punitions et les espoirs excessifs placent l'enfant le dos au mur. Il a besoin de votre participation, de votre tendresse, de vos encouragements et de vos éloges. Vous trouvez que je demande trop ? N'oubliez pas ceci : à mesure que vous avancez dans l'univers du génie avec votre enfant, vous allez vous aussi apprendre, chemin faisant. La motivation personnelle est aussi importante pour vous que pour votre enfant. Avec un esprit clair et positif, vous pouvez créer les conditions nécessaires pour développer ses capacités.

Première condition. Libérez votre enfant des prisons mentales. Dès le plus jeune âge, encouragez le libre flux de ses pensées et de ses actions. Votre maison doit être comme une autoroute où le trafic circule de manière fluide, sans qu'il soit besoin de panneaux, sauf aux principaux carrefours. Un abus d'interdictions tue le génie. Laissez votre enfant tranquille. Le monde lui appartient : il est là pour être conquis, pas pour être observé avec appréhension.

Deuxième condition. Laissez votre enfant agir de son propre chef. Souvent, il va hésiter et se tromper, mais ces accrocs font partie du processus d'apprentissage. Refrénez votre désir de perfection immédiate. Par exemple, quand elle a eu douze ans, Leta a voulu apprendre à faire la cuisine. Elle a demandé l'aide de sa mère, un cordon-bleu dont les spécialités culinaires étaient réputées. Elles travaillaient toutes les deux dans la cuisine depuis une heure à peine lorsque Leta a jeté son tablier avant de sortir folle de rage, en se jurant de ne plus approcher un fourneau de sa vie. Que s'était-il passé ? Sa mère avait insisté pour que Leta suive ses conseils à la lettre. Il fallait que les oignons soient coupés de telle façon, les rondelles de carottes devaient avoir telle épaisseur, etc. Certes, tous ces détails contribuent au plaisir de cuisiner, seulement si la mère de Leta l'avait laissée expérimenter un peu seule, le résultat n'aurait peut-être pas été parfait sur le plan culinaire, mais la satisfaction dans les yeux de Leta aurait largement compensé cet inconvénient. Et surtout, elle aurait eu envie de continuer…

Troisième condition. Il n'y a pas de véritables échecs dans la vie, et pourtant votre fils ou votre fille peut être traumatisé par le sentiment qu'il ou elle a commis une erreur. La bourde d'un enfant ne va pas bouleverser le monde, alors pourquoi en faire tout un plat ? Votre réaction doit être neutre. Ne soyez pas déçu(e), tout simplement parce qu'il n'y a aucune raison de l'être. Toutes les erreurs ont un côté positif : elles donnent à l'enfant l'occasion d'apprendre. La prochaine fois, il réussira. Une erreur peut même se révéler très profitable : un savant verse un mauvais produit chimique dans son éprouvette… et fait une découverte sensationnelle ! Ne reprochez jamais à votre enfant ses prétendus « échecs ».

Quatrième condition. Quand un enfant commence à écrire avec un stylo-plume, il risque de faire des taches sur son cahier. Pas de panique ! Ne le grondez pas. Vous en avez fait sans doute autant à son âge. Montrez-lui gentiment comment se servir d'un buvard et bien tenir son stylo. Par votre calme, vous lui prouvez qu'il y a toujours une solution. La prochaine fois, il fera peut-être encore des taches sur son cahier, mais il restera motivé. Les enfants ont un désir inné de bien faire et d'apprendre. Votre enfant trouvera un moyen de se perfectionner. Il peut par exemple s'entraîner sur un cahier de brouillon avant de rédiger au propre. L'important, c'est qu'il le fasse lui, même s'il le fait mal. Laissez-le découvrir ses propres limites pour mieux les dépasser.

Cinquième condition. En apprenant à être indépendant, votre enfant peut faire des choses que vous trouvez stupides ou répréhensibles. Laissez-le poursuivre. En intervenant à ce stade, vous ne réussirez qu'à le brider. Du coup, vous limiterez son mental et sa croissance émotionnelle.

Et pour peu que vous soyez honnête avec vous-même, vous vous apercevrez que ce que vous trouviez répréhensible n'est pas bien méchant: pas de quoi fouetter un chat!

Sixième condition. Rappelez-vous que votre enfant est un individu, une personne à part entière, dotée de pensées et d'émotions propres. Ne le considérez jamais comme un moyen d'assouvir vos ambitions frustrées. Dans votre jeunesse, vous avez peut-être voulu être un artiste, mais des circonstances financières vous ont contraint(e) à prendre un travail à plein temps. Mais aujourd'hui encore, vous restez le seul ou la seule à pouvoir concrétiser vos rêves. Ne les imposez pas à votre enfant. Laissez-le se fixer ses propres objectifs. Il aura peut-être envie d'embrasser une carrière artistique, mais cet idéal doit venir de lui, pas de vous.

Septième condition. Nous avons tous besoin de nous fixer des buts dans la vie. Ils nous aident à persévérer dans la bonne direction. Bref, ils sont source de motivation. Veillez donc à ce que votre enfant ait un objectif toujours présent à l'esprit, mais posez-vous au préalable les questions suivantes:

a) Votre enfant souhaite-t-il vraiment atteindre ce but? Inutile de le forcer à lire un livre, par exemple, quand il a envie d'écrire.

b) Votre enfant se croit-il capable d'atteindre ce but? Si c'est le cas, continuez. Sinon, ne le pressez pas trop. Changez de tactique ou passez à la question c.

c) Avez-vous fixé un objectif à sa portée? Une approche étape après étape peut se révéler ici très fructueuse. Chaque fois qu'il franchit un niveau, l'enfant sera motivé pour attaquer le suivant. Rappelez-vous que si impossible n'est pas français, à l'impossible nul n'est tenu: votre enfant a besoin de vos conseils éclairés et de votre aide pour réussir.

Cette technique qui consiste à s'assigner des buts restreints fonctionne aussi avec les adultes. Une de mes amies avait un grave problème de poids : elle était obèse au point que sa santé s'en trouvait menacée. Elle alla consulter son médecin. Il l'examina soigneusement avant de lui tendre une ordonnance.

— Combien de fois dois-je prendre ce remède ? demanda la patiente, en pliant soigneusement la feuille dans son sac sans même la regarder.

— Aussi souvent que possible, répondit-il. Je suis persuadé que vous irez mieux bientôt. Mais suivez scrupuleusement mon ordonnance...

— Bien, docteur.

Mon amie se précipita à la pharmacie. Le pharmacien était de toute évidence un homme d'expérience. Il jeta un œil sur l'ordonnance du médecin :

— Vous avez de la chance, dit-il. C'est le traitement le moins cher qui soit. C'est même entièrement gratuit et vous pouvez le faire vous-même à la maison.

Perplexe, elle reprit son ordonnance et lut : « Régime et exercice quotidien jusqu'à ce que vous perdiez trente kilos. »

De retour à la maison, elle colla sur son frigo une note sur laquelle elle avait écrit « trente kilos » et, à partir de ce jour, elle se lança dans un programme rigoureux de régime et de gymnastique. Mais au bout de deux jours, elle fut prise de panique. Comment pouvait-elle perdre trente kilos ? Il lui vint une idée : elle allait se donner des objectifs plus modestes, qu'elle franchirait étape après étape. Elle décida donc d'établir une feuille de route : trois kilos de moins le premier mois, pour commencer. Elle colla le tableau sur le frigo et se remit à l'ouvrage avec un regain de détermination.

Chaque mois, lorsqu'elle notait le poids perdu, elle éprouvait un sentiment d'accomplissement et un réel désir de poursuivre dans cette voie. Je l'ai rencontrée alors qu'elle avait déjà perdu dix kilos et son enthousiasme était intact.

— Je vais perdre ces trente kilos ! Et peut-être même plus !

S'étant fixé des objectifs réalisables, elle trouvait le processus à la fois efficace et amusant. Non seulement le but final ne semblait plus hors d'atteinte, mais elle ne craignait pas de voir au-delà.

De la même façon, vous pouvez établir un tableau ou une feuille de route pour votre enfant. Il pourra ainsi mesurer ses progrès de manière tangible.

Huitième condition. Le propre du génie, c'est d'être universel. Faites de votre enfant un « touche-à-tout ». Savoir lire et écrire, c'est très bien, mais n'hésitez pas à féliciter votre bambin dans *toutes* ses démarches. Par exemple, vous pouvez l'envoyer acheter une baguette ou un litre de lait pour stimuler son indépendance. Ces initiatives font partie de sa croissance mentale et le prépareront à une vie entreprenante. Le psychologue David Lewis recommande d'« encourager l'enfant à assumer des tâches ménagères, garçon comme fille ». Il explique ensuite : « Des études ont montré que ces tâches répondent à un souci maximum d'efficacité. »

J'ai énuméré toutes les conditions nécessaires pour motiver votre enfant. Mais en tant que parent, vous devez avoir pour but ultime de réaliser l'équilibre. De même qu'il ne faut jamais demander trop à un enfant, n'essayez pas de le surmotiver. La surmotivation peut entraîner l'impatience, la frustration et l'agressivité. Votre objectif, ne l'oubliez pas, est de former un génie motivé, certes, mais surtout équilibré, et heureux.

15

La boulimie de savoir

Qu'est-ce qu'un boulimique de savoir ? Si vous observez avec attention des personnes de tous horizons, de tout âge, vous le reconnaîtrez facilement à son œil vif, à son entrain et au ton vibrant de sa voix. C'est un éternel étudiant, toujours curieux de nouveautés, bouillonnant d'idées et d'enthousiasme.

Je connais un homme de quatre-vingt-cinq ans qui est dans ce cas. Il dirige sa petite compagnie et a voyagé dans le monde entier.

— Le seul pays où je ne suis pas allé, me confiait-il récemment, c'est la Chine. Mais j'ai bien l'intention de réparer cette lacune cette année. Je veux y aller avant d'être trop vieux...

Il lit cinq journaux par jour, tient une correspondance fournie, visite des galeries d'art, organise des pique-niques, assiste à des séminaires et rédige des articles. Sa dernière aventure ? L'étude de l'homéopathie.

— On apprend tous les jours, dit-il.

Voilà en quoi consiste la boulimie de savoir ! Si vous encouragez votre enfant à suivre cette voie dès son plus jeune âge, vous lui aurez fait un cadeau qui ne le quittera plus. Grâce à cet appétit, il pourra voir grand et adopter une attitude de « fonceur ». La boulimie de savoir, ce n'est rien d'autre que l'acte de naissance du génie.

Imaginez-vous assis sur un nuage, avec le ciel étoilé au-dessus de la tête. En tendant la main, vous pouvez toucher ces petites lumières qui scintillent. Ainsi est le monde de la connaissance : une voûte céleste parsemée de pépites étincelantes. À présent, cueillez-les une à une. Ouvrez la main et examinez ce que contient chaque étoile : grâce à elles, vous pourrez illuminer la vie de votre enfant.

La règle des trois R

- Rechercher
- Renforcer
- Réviser

Le premier R : Rechercher

Un excellent moyen de mettre cet exercice en pratique est de s'appuyer sur les jours fériés. Que ce soit le 1er Mai, le 11 Novembre, le 14 juillet ou toute autre fête nationale. Votre enfant attend avec impatience ce jour de congé ou de liesse populaire : pourquoi ne pas profiter de cette excitation pour l'encourager à se documenter sur le sujet ? Faites-en l'objet d'une discussion stimulante. Demandez-lui de réfléchir à ce que représentait l'armistice de 1918 ou comment vivaient les paysans à l'époque de la révolution française.

Le deuxième R : Renforcer

Efforcez-vous d'appliquer les connaissances acquises à la vie quotidienne ou familiale. Vous pouvez par exemple ressortir les vieux albums de photos et montrer à votre enfant des clichés de ses aïeux à l'époque de la Première Guerre mondiale. Allez lire le nom des disparus sur le monument aux morts de votre village. Ou bien déguisez votre enfant en sans-culotte et entonnez *La Carmagnole* avec lui. Employez-vous à établir un lien entre les faits historiques et votre vie de tous les jours.

Le troisième R : Réviser

Pendant le dîner, interrogez votre enfant sur l'ordinaire des poilus dans les tranchées ou des paysans sous la Révolution. Demandez-lui de citer les grands héros de cette période mouvementée. Et tentez de le faire réfléchir par lui-même. Quels sont les progrès sociaux accomplis depuis l'abolition des privilèges ? Un conflit général peut-il encore éclater en Europe ?

Vous pouvez aussi prendre prétexte d'un jour particulièrement heureux dans la vie de votre enfant : son anniversaire. Lisez-lui les notices biographiques de personnages célèbres nés le même jour que lui. Le monde magique du génie s'entrouvre ainsi devant ses yeux : cela renforce de manière positive son image de soi.

Jeux de mots en famille

Ne perdez jamais une occasion de jouer avec les mots ! Inventez des rengaines et des bouts-rimés. Faites répéter de plus en plus vite « *un chasseur sachant chasser doit savoir chasser sans son chien* », sans trébucher.

Inventez de nouveaux jeux : prenez le prénom de chaque membre de la famille et formez autant de mots que possible avec ces quelques lettres. Essayez sur le même principe de combiner vos prénoms, deux par deux ou tous ensemble.

Le présentateur de journal télévisé

Suggérez à votre enfant de jouer au présentateur de journal télévisé. Découpez des articles dans la presse, prenez des notes sur des sujets intéressants (mais évitez les nouvelles violentes) et choisissez des événements locaux. Avec ce matériel, votre enfant va préparer seul son journal puis, imitant un présentateur télé, le lira à toute la famille.

Il peut même faire une pause publicitaire, mimer une réclame et interpréter des jingles. Les possibilités de jeu sont pratiquement infinies !

Le carnet d'adresses

Offrez un répertoire à votre enfant. Puis demandez-lui d'y noter soigneusement, par ordre alphabétique, les noms, adresses et numéros de téléphone de tous les membres et amis de la famille.

La bibliothèque

Votre enfant sera ravi de devenir membre de la bibliothèque de son quartier et d'avoir une carte à son nom. Apprenez-lui à utiliser le système de classement, incitez-le à se rendre régulièrement à la bibliothèque et laissez-le emprunter les livres de son choix.

Promenades dans la nature

Partez aussi souvent que possible en balade. Encouragez votre enfant à décrire ce qu'il voit, en utilisant une vaste palette de vocabulaire. Par exemple, la longue avenue qui serpente, bordée d'arbres, ou l'odeur gommeuse de l'écorce… Encouragez-le à mobiliser tous ses sens.

Poser des questions

Quand votre enfant doit faire une fiche de lecture ou écouter un exposé en classe, il risque, s'il n'est pas guidé, de se contenter de cela : lire et écouter. Le boulimique de savoir, quant à lui, adopte une stratégie en deux temps :

1. Réfléchir au sujet.
2. Préparer des questions.

Imaginons que le sujet soit la Seconde Guerre mondiale. Incitez votre enfant à réfléchir à tout ce qu'il sait sur le sujet. Puis, aidez-le à trouver des questions : Quelles sont les causes de la guerre ? Était-elle nécessaire ? Quels ont été les événements les plus marquants ? Comment le conflit a-t-il affecté la vie des populations ? Quelles étaient les frontières avant et après le conflit ?

Ce qui distingue le « boulimique » des autres élèves, c'est son intérêt jamais démenti pour tout ce qui se présente à lui et son attitude générale. Il ne considère pas un devoir comme une simple tâche à accomplir et à oublier au plus vite, il profite de l'occasion pour enrichir sa connaissance du sujet. Cette approche s'avère forcément payante : parce qu'il s'est beaucoup investi, il gardera plus facilement en mémoire ce qu'il a appris.

LIENS ET DÉDUCTIONS

La plupart des parents comme des enfants se contentent de « suivre » l'enseignement offert par l'institution scolaire. Pas le boulimique de savoir, qui ira au bout de cette information mise à sa disposition, mais qui voudra explorer ce qu'il y a au-delà. Par exemple, il lit un article sur les chiens policiers qui peuvent suivre la trace d'un criminel grâce à leur flair. L'enfant peut s'interroger sur cette faculté qu'ont les chiens de différencier les odeurs humaines. Il en conclura peut-être que chaque individu a une odeur particulière et unique. Il se posera des questions : n'y aurait-il pas un moyen de mettre cette information sur ordinateur, comme on le fait pour les empreintes digitales ? Deux jumeaux ont-ils la même odeur ?

Imaginons qu'à l'école votre enfant apprenne le système circulatoire du corps humain. Proposez-lui de réfléchir à l'entretien et à l'usure de ce réseau. Quel régime, quelle forme d'exercice, quelles maladies peuvent l'affecter ? Ou bien, s'il lit un article sur une invention nouvelle, demandez-lui en quoi cette innovation peut changer notre mode de vie.

Ainsi, l'enfant ne se contente pas d'absorber le savoir qu'on lui sert sur un plateau ; il en tire des conclusions, il lui donne des applications concrètes qui facilitent son assimilation par le cerveau. La prochaine fois qu'il entendra une information liée à ce sujet, il en comprendra mieux la teneur qu'un enfant qui a seulement fait l'effort de mémoriser quelques données (et qui les a vraisemblablement oubliées depuis).

Stimuler l'appétit de savoir

Pour stimuler chez votre enfant cet appétit insatiable de connaissances, j'attire votre attention sur les cinq points suivants :

1. Extrapolations

Les enfants sont pratiquement nés avec un téléphone dans la main. Aussi ne sont-ils guère impressionnés lorsqu'on leur parle de cette invention. Toutefois, par la discussion, vous parviendrez à sensibiliser votre boulimique de savoir. Imaginez avec lui ce que serait un monde sans téléphone. Comment communiquerions-nous ? En quoi notre mode de vie serait-il modifié ?

2. Établir des passerelles

L'élève avide de savoir sait construire des passerelles entre une information nouvelle et celle qu'il a déjà enregistrée. Suggérez-lui par exemple de dresser la liste des similitudes et des améliorations entre le e-mail et le téléphone. Il est aussi capable d'appliquer un savoir nouveau à ce qui lui est déjà familier : par exemple, si on lui parle en classe du système judiciaire, il s'amusera à comparer le rôle du juge à sa propre manière de résoudre les conflits.

3. Dégager les idées principales

Quand on coupe une pêche en deux, on trouve le noyau. De la même façon, chaque fois qu'il planche sur un sujet, votre enfant doit s'efforcer de trouver le « nœud » du problème. Aidez-le à dégager l'idée centrale. Cela renforcera sa compréhension ainsi que son goût pour les études.

4. Catégoriser l'Information

Un enfant peut être perturbé par l'impressionnante quantité d'informations diverses qu'il est censé assimiler. En cherchant désespérément à mémoriser toutes ces données, il risque fort d'être assailli par le stress. Inutile de soumettre le boulimique de savoir à pareille épreuve. Encouragez-le à classer l'information par catégories. Par exemple, s'il prend des leçons de musique, il n'a pas besoin de se rappeler le nom de chaque instrument. Il peut les regrouper par instruments à percussion, à vent, à cordes, cuivres... Il agira de même avec n'importe quel sujet. Cet effort de classement met de l'ordre dans ses idées et réduit les montagnes à de simples taupinières.

5. Faire des comparaisons

C'est un des aspects les plus amusants de la méthode : apprendre à relier une information nouvelle à un savoir existant. Si votre enfant étudie la différence entre les artères et les veines, essayez cette comparaison : les artères sont épaisses et transportent le sang riche en oxygène depuis le cœur, comme de riches marchands chargés de diamants qui quittent au galop la cour du roi (le cœur). Plus étroites, les veines véhiculent un sang pauvre en oxygène vers le cœur, comme de pauvres hères qui vont déposer leur maigre baluchon aux pieds du roi. Les comparaisons sont souvent pleines de trouvailles. Leur côté amusant aide l'enfant à assimiler une information qui, autrement, pourrait paraître terne et ennuyeuse. Encouragez votre génie à inventer ses propres analogies. Il y prendra plaisir car cela revient à s'instruire en se racontant des histoires !

Fixer des objectifs

J'ai déjà évoqué les avantages de cette technique dans le chapitre précédent. En résumé, lorsqu'on vise un but quelque peu ambitieux, il est souvent sage de se fixer des objectifs intermédiaires. Vous pouvez établir une feuille de route que vous baptiserez, selon le sujet, « Le Guide géographique d'Annie » ou « Le Guide historique d'Annie ». Le voyageur – Annie, votre enfant – fait une pause à chaque arrêt (chapitre) avant d'aller au suivant, afin d'atteindre progressivement sa destination finale. Le cadre général de cette feuille de route peut rester le même et les sujets varier selon le thème abordé. Cela ajoutera au plaisir de l'enfant comme au vôtre. S'il tombe sur un chapitre particulièrement difficile, il peut venir vous trouver, vous ferez office de contrôleur : « Monsieur le contrôleur, j'aimerais prendre quelque chose dans ma valise mais la fermeture est bloquée ! Pouvez-vous m'aider s'il vous plaît ? » Aidez-le à démêler le point qui lui pose problème. À mesure qu'il maîtrise chaque chapitre, donnez-lui un ticket pour l'étape suivante. Quand il a recueilli un certain nombre de tickets, vous pouvez lui offrir une récompense ou lui proposer une sortie en rapport avec le sujet étudié.

Élargir l'horizon du savoir

Plus votre enfant acquiert de connaissances lors de ses activités extrascolaires, plus il aura de chances de développer son appétit de savoir. Emmenez-le à des expositions, visitez des musées, promenez-vous, discutez ensemble, parlez de tout ce qui peut représenter un intérêt pour lui.

Apprendre à écouter

Encouragez votre enfant à parler d'une activité à laquelle vous n'avez pas pris part, comme un pique-nique de l'école. Cela lui donne l'occasion de faire appel à sa mémoire. Il peut ainsi réfléchir à ses expériences et apprendre à décrire les personnes comme les événements.

Lui offrir un album

À tout âge, un album est indispensable au boulimique de savoir. Avant d'entrer à l'école, il pourra le remplir de ses photos préférées, découpées dans les magazines. Au CP, il découpera des objets qui commencent par A, B, C, etc. Par la suite, il aura un album consacré à son sport favori, à son chanteur préféré, à un écrivain qu'il apprécie, etc.

L'appétit de savoir… C'est une qualité merveilleuse qui permet au génie de votre enfant de s'épanouir pleinement. Cet appétit a une particularité : il est insatiable. De nombreux enfants proclamés « surdoués » à un jeune âge se retrouvent épuisés quand ils atteignent des niveaux d'éducation supérieure. Mais un vrai boulimique de savoir ne s'épuise pas, car, pour lui, apprendre reste un jeu passionnant. En décrochant pour lui les étoiles de la connaissance, vous avez permis à son génie de briller au firmament !

16

La mémoire du génie est un microfilm

Des suspects sont alignés pour identification. Un objet personnel a été trouvé sur le lieu du crime. On le donne à sentir au chien policier qu'on lâche ensuite dans la pièce. L'animal renifle chaque suspect et s'arrête devant celui dont l'odeur correspond à celle de l'objet. Il remue la queue et aboie joyeusement.

La victime est appelée pour identifier visuellement le criminel. Elle regarde chaque visage, les étudie longuement avant de déclarer: « Je ne suis pas sûre... » Sa mémoire a flanché. Pourtant, dans certains cas, la victime est capable de reconnaître aussitôt son assaillant, ou bien elle peut fournir des éléments permettant d'établir un portrait-robot très ressemblant.

Si l'on compare le flair du chien policier et notre mémoire visuelle humaine, je suis persuadée que nous voudrions tous que notre aptitude à nous souvenir soit aussi performante qu'une truffe canine. Quand j'entends dire « Je n'ai aucune mémoire des visages ! » ou « Je ne retiens pas les noms mais les visages restent gravés dans mon esprit », je me dis que nous traitons notre mémoire avec beaucoup de désinvolture. Nous considérons ses défaillances comme un fait acquis et inévitable. Lorsqu'un jeune élève prépare un examen mais rend une copie médiocre, les adultes ont une explication toute prête: « Mauvaise mémoire ». L'élève, tout heureux de se trouver une porte de sortie, se saisit avec reconnaissance de cette excuse et y a souvent recours par la suite pour justifier ses échecs.

Et nous continuons ainsi, nous avouant mutuellement que nous n'avons pas la mémoire des chiffres, par exemple, ou que nous sommes même incapables de nous rappeler ce que nous avons pris pour le petit déjeuner... Nous considérons ce handicap comme naturel. Pourtant nous avons grandement besoin d'une bonne mémoire et notre enfant encore plus ! Nous pouvons certes pester contre un système éducatif qui exige tant de la mémoire et si peu de la compréhension. Nous pouvons même en conclure que le système tout entier est à revoir ; mais si nous choisissons de laisser nos enfants dans le circuit traditionnel, il faut les aider à développer les qualités nécessaires pour surmonter leurs difficultés de mémorisation. Une bonne mémoire est un atout primordial. Votre enfant saura peut-être résoudre un problème mathématique avec brio, mais s'il n'est pas capable de se rappeler en quelle année l'homme a posé pour la première fois le pied sur la Lune, à quelle date s'est achevée la Seconde Guerre mondiale, ou le nom de la capitale de l'Australie, son bulletin scolaire en pâtira à coup sûr.

La mémoire nous aide à traiter par la réflexion un flot continu d'informations. Or, pour la plupart, nous n'avons pas encore pris conscience que nous sommes tous nés dans ce domaine avec d'égales capacités. Si je vous dis qu'une mauvaise mémoire, cela n'existe pas, vous serez peut-être tenté(e) de vous donner en exemple pour me démentir. Mais sachez que des psychologues éminents, spécialistes de la mémoire, se rangeront à mon avis.

Le cerveau, cette merveille, est une immense bibliothèque regorgeant de microfilms. Une de ses vertus les plus étonnantes, c'est son système de sauvegarde. Dans ces méandres grisâtres sont entreposées des tonnes d'informations, toujours disponibles : il suffit d'un effluve de parfum pour que soudain une scène de votre enfance reprenne vie. Votre enfant dispose comme vous d'une mémoire phénoménale. Tout ce que vous avez à faire, c'est de la muscler, afin qu'il puisse y accéder à tout moment. Tout organisme a besoin d'entraînement pour se développer au maximum de son potentiel !

Premièrement, ne mettez jamais dans la tête de votre enfant qu'il a une mauvaise mémoire. C'est faux. S'il paraît avoir oublié quelque chose, n'employez pas de phrases comme « Tu ne te rappelles pas ? » ou « Tu as déjà oublié ? ». Utilisez des formulations plus positives : « Mais si, tu t'en souviens ! Réfléchis... » ou « Ça va te revenir, tu vas voir ». Deuxièmement, gardez à l'esprit que nous n'apprenons pas tous de la même façon. Certains d'entre nous se rappellent mieux ce qu'ils voient et d'autres ce qu'ils entendent.

On peut comparer la partie « mémoire » de notre cerveau à un drap accroché sur un fil par des pinces à linge. Si vous n'utilisez qu'une seule pince pour un grand drap, il ne tiendra pas ou séchera mal. Mais si vous prenez le bon nombre de pinces, vous obtiendrez le résultat souhaité. Appliquons cette image à la mémoire – dans ce cas précis, à la mémoire auditive. Si vous demandez à votre enfant de répéter le mot *Constantinople*, il risque de buter parce que les « pinces » de son cerveau n'ont pas réussi à le saisir. Mais si vous cassez le mot en plusieurs syllabes, « Con-stan-ti-no-ple », et si vous le prononcez d'une voix lente et distincte, son cerveau pourra retenir chaque segment.

Le même principe s'applique à la mémoire visuelle. Vous pouvez entraîner le cerveau de votre enfant à se concentrer d'abord sur des détails, jusqu'à ce que l'image dans son ensemble soit « enregistrée ».

Il n'y a rien de mystérieux dans cet entraînement. Il existe deux manières très probantes de réaliser des « microfilms » dans le cerveau de votre enfant : la méthode de la mémoire auditive et la méthode de la mémoire visuelle. Trouvez celle qui est la plus adaptée à votre enfant, ou bien apprenez à les combiner.

1. La mémoire auditive

Pour John Yulle, professeur à l'université de Colombie britannique à Vancouver, « la meilleure façon de se rappeler une information est de la solliciter presque aussitôt. En enregistrant des données et en les reproduisant rapidement, on crée dans le cerveau des voies d'accès efficaces ». Lorsque votre enfant dit « Con-stan-ti-no-ple », demandez-lui de le répéter aussitôt. Ou bien ayez recours à une sorte de journal de bord. Chaque soir, suggérez-lui de noter les événements de la journée. Si vous estimez qu'il a déjà trop de devoirs à la maison, vous pouvez simplement discuter avec lui. Demandez-lui par exemple de vous enseigner ce qu'il a appris en classe de mathématiques aujourd'hui. Encouragez-le gentiment à devenir de plus en plus précis. Dites-lui par exemple : « Des fractions ? Qu'est-ce que c'est ? Ça a l'air très intéressant. Tu peux me montrer comment ça marche ? » Puis restez avec lui pendant qu'il vous explique. Le lendemain, il dira peut-être à ses amis : « Ma mère est vraiment cruche. Elle ne sait même pas ce que c'est qu'une fraction ! » Mais c'est un bien petit prix à payer...

Je connais une mère qui demande à sa fille de lui rédiger des notes dans toutes les matières. Elle lui dit par exemple :

— Qu'est-ce que vous avez étudié aujourd'hui en géographie ?

— Le Groenland.

— Le Groenland ? Comment ça s'épelle ? Tu peux me l'écrire pour me montrer ?

L'enfant écrit le mot et aussitôt une conversation s'engage sur le Groenland. L'enfant explique que c'est la plus grande île du monde, qu'elle se trouve dans l'océan Arctique, etc. En se rappelant ainsi ce qu'elle a appris, la fille sollicite sans effort sa mémoire. Et comme elle écrit, elle est plus à même d'organiser l'information et de la retenir.

2. La mémoire visuelle

Dans le chapitre 11, j'ai expliqué comment développer la mémoire de votre enfant par le biais de discussions à partir d'un dessin tiré de son livre préféré. C'est la technique du « film intérieur ». Avant de poursuivre la lecture, vous aurez peut-être envie de revenir rapidement en arrière pour relire cette partie, car elle concerne aussi la méthode de la mémoire visuelle. Celle-ci contribue de manière extrêmement importante à renforcer les « capacités de stockage » de votre enfant. Vous pouvez par exemple lui montrer les lettres qui forment le mot Constantinople. Ainsi étayée par la vue et le son, la mémoire devient un outil très efficace.

La route du savoir de M. Krishnan

Les anciens élèves d'un lycée réputé de Bombay, en Inde, ont conservé un souvenir ému et respectueux de leur professeur d'histoire, M. Krishnan. Ils se rappellent leur surprise en découvrant ce tout jeune professeur en costume sombre, les cheveux soigneusement plaqués en arrière, les joues rasées de près. Tous sont d'accord pour dire qu'avant son arrivée, le cours d'histoire était un calvaire. M. Krishnan a introduit une méthode innovante qui a grandement amélioré leur capacité à mémoriser les dates.

Il dessinait au tableau une route en lacets. Étroite en haut, elle descendait en serpentant, de plus en plus large, jusqu'à la base du tableau. Les élèves avaient l'impression de voir une route qui venait à eux, sur des kilomètres et des kilomètres. Puis M. Krishnan coupait ce chemin de lignes horizontales. Sur chaque ligne, il inscrivait une date importante ou un événement historique. Il les notait en commençant par le haut, dans l'ordre chronologique. Les élèves reproduisaient ce dessin dans leur cahier, en étouffant quelques éclats de rire incrédules. Pourtant, ils ne tardèrent pas à se rendre compte que mémoriser des dates n'était plus une corvée mais un jeu d'enfant.

M. Krishnan ne leur a pas seulement donné un truc mnémotechnique pour se rappeler une série de chiffres, il a su utiliser habilement le visuel pour enrichir leurs connaissances. Par exemple, ils pouvaient visualiser la date 1857 comme le début du chemin, auquel ils associaient aisément les mots « Inde, première tentative d'accès à l'indépendance ».

L'efficacité de cette méthode repose sur plusieurs facteurs :

1. Les élèves mémorisent mieux des faits quand ils sont présentés de manière chronologique.
2. La route sinueuse les aide à relier visuellement la date et l'événement correspondant. Lors des examens, les élèves se rappellent l'emplacement de la date et le fait historique consigné à côté leur revient aussitôt en mémoire (ou vice versa).
3. La route les aide aussi à se souvenir de l'événement qui vient juste avant ou après un autre. Ainsi les élèves apprennent à établir des liens logiques, l'histoire cesse d'être pour eux une série de faits sans coordination.
4. Les élèves n'ont plus à mémoriser une liste aride de dates. Plus imaginative, cette méthode renforce leur goût d'apprendre.
5. La « route de M. Krishnan » est un outil toujours disponible. Les élèves peuvent à tout moment survoler les dates clés en un simple coup d'œil. Les révisions se font sans effort.
6. En recopiant le dessin sur son cahier, l'élève grave les informations dans son cerveau. Il devient son propre professeur.

La méthode de M. Krishnan peut être utilisée pour tous les sujets. Elle aide le cerveau à absorber des données de manière facile et efficace. Mettez-la en pratique, ainsi que les techniques auditive et visuelle exposées plus haut : votre enfant développera au maximum de son potentiel sa « mémoire-microfilm ».

Une bonne mémoire est la meilleure amie de l'enfant. C'est un atout de plus, après la compréhension et l'appétit de savoir. C'est un lien vital entre toutes les facultés qui signalent l'éclosion du génie.

17

Des jalons pour le génie

Le génie est semblable à une fontaine publique – la connaissance circule sans cesse, se recycle pour jaillir avec force. Mais il a fallu pour cela qu'un architecte instaure un réseau de siphons et de vases communicants obéissant aux lois naturelles de la pression. De la même façon, le génie le plus motivé a besoin d'être entouré et guidé pour que son potentiel explose au grand jour.

Vous pouvez être l'architecte et poser les jalons nécessaires. Puis, vous prendrez un peu de recul pour laisser le génie de votre enfant sortir à son propre rythme. Veillez à ce que ce flot continu ne soit pas soumis à des courants contraires, tels que le découragement ou le stress.

Voici quelques suggestions pour vous aider.

La gestion du temps

Vous avez fourni à votre enfant un coin de travail confortable et bien éclairé. Il dispose de sa chaise et de son bureau, de papier, de crayons et tous les outils nécessaires. À présent, vous devez veiller à ce qu'il se ménage du temps pour étudier. Sans que cela lui apparaisse jamais comme une corvée. Manger, boire, jouer et autres activités récréatives font partie de la vie. Il en est de même pour les études, et l'enfant devra les considérer comme tout aussi distrayantes.

Pour parvenir à cette approche positive, observez tout d'abord à quoi l'enfant consacre son temps. Demandez-lui de tenir un journal pendant quelques jours. Toutes les heures environ, faites-lui noter ce qu'il a fait. Il sera peut-être le premier surpris par la quantité de temps qu'il a gaspillé.

Un de mes amis, exportateur en tissus, s'arrachait les cheveux, surmené, devant les tâches qu'il devait accomplir.

— J'en étais arrivé à un point où je négligeais des domaines importants de ma vie, m'a-t-il confié.

Tiraillé par de multiples activités, il s'est finalement enfermé dans son bureau, s'est servi une tasse de thé et s'est calmé. Dans cet état d'esprit serein, il a écrit sur une feuille tout ce qu'il avait à faire dans la journée.

— Quand j'ai relu la liste, j'ai eu la surprise de constater que malgré une activité débordante, je n'avais pas achevé une seule des tâches du jour.

L'esprit clair, il a rédigé son programme pour le lendemain. Le soir suivant, il était venu à bout de sa liste ! Depuis lors, il garde son agenda-programme bien en évidence sur son bureau, le corrigeant au besoin quand les circonstances l'exigent.

Votre enfant est souvent aussi occupé que mon ami. Il y a l'école, les devoirs à la maison, les jeux, la famille, les camarades, les activités sportives ou artistiques... Il a besoin d'un planning précis pour gérer au mieux son temps et, comme mon ami l'exportateur, d'une certaine flexibilité pour s'autoriser des changements de dernière minute. Ainsi, il n'aura jamais l'impression qu'on le prive des plaisirs de la vie. Aidez-le tout d'abord à établir un programme hebdomadaire, qui lui ménage des temps de repos, de loisirs et d'études.

Lorsque votre fille a un examen de mathématiques le jeudi et qu'elle veut sortir danser le mercredi soir, comment réagissez-vous ? Vous pouvez bien sûr la gronder et lui imposer une dernière révision. Pour toute réaction, elle va se mettre à bouder : elle va s'asseoir à sa table de travail, bouillant de colère. Il y a fort à parier qu'elle ne sera pas concentrée sur son travail et qu'elle ratera son examen. Résultat? Elle n'a pas pu danser et en plus elle a eu une mauvaise note. « Saleté d'interro! marmonne-t-elle. Je déteste les maths! » Elle s'enferme dans une attitude négative.

Imaginons un autre scénario: vous avez établi avec elle un emploi du temps hebdomadaire. En le consultant à l'avance, vous lui dites:

— Tu as un examen de maths jeudi. Pourquoi ne pas travailler un peu plus dur lundi et mardi? Comme ça, tu pourras aller danser mercredi soir!

De cette façon, vous devenez l'ami(e) et le (la) complice. Votre fille sera disposée à travailler un peu plus, elle ira danser et elle réussira son examen! Tout cela ne demande qu'un peu d'organisation.

Il arrive qu'une invitation tombe à l'improviste, mais comme votre planning hebdomadaire est déjà fixé, vous n'avez qu'à opérer quelques changements (par exemple, votre enfant peut remettre au lendemain le rangement de sa chambre). Votre absence de rigidité est un élément important. L'enfant doit comprendre que vous ne souhaitez pas lui imposer un carcan. Il conserve le droit de s'amuser. Vous avez fixé le cadre général, gardez une bonne dose de souplesse pour le contenu.

Apprendre à se servir d'un manuel

Au chapitre 15, nous avons vu qu'il était important de savoir dégager l'idée centrale d'un livre ou d'un chapitre. Mais il ne suffit pas de dire à votre enfant: « Lis-moi ça et trouve les idées principales. » Cela reviendrait à vouloir situer la maison d'un ami dans un quartier inconnu, sans aucun repère. Les indications opèrent à partir d'un contexte connu. Par exemple, si un ami vous dit: « Tu vois où est l'Hôtel du Parc? Eh bien tu continues tout droit, puis tu tournes à gauche... » Vous comprenez les directions données parce qu'elles s'appuient sur un endroit que vous connaissez déjà : c'est le contexte.

Un bon manuel scolaire fournit aussi un « guide » ou une « carte » pour aider les étudiants à débroussailler leur chemin. Cherchez cette « carte » dans l'introduction, dans les têtes de chapitres et dans la table des matières. Votre enfant peut commencer par passer en revue ces « panneaux indicateurs » qui lui donnent un aperçu de ce qu'il va étudier. Par la suite, en lisant le chapitre proprement dit, il va remplir un cadre qu'il a déjà formé dans son esprit. Puis demandez à votre enfant de relire la table des matières, afin qu'il situe bien ce qu'il vient d'apprendre dans un contexte élargi. Veillez à ce qu'il n'essaie pas de tout absorber, au lieu de se concentrer sur l'idée principale.

Une amie passait son examen final en économie dans une université de Bombay. Pendant des jours et des nuits, elle a beaucoup bûché, mais à mesure que la date fatidique approchait, elle a été prise de panique. Elle a fondu en larmes auprès de son père :

— Je n'y arriverai pas ! Je ne me souviens de rien !

Son père, ingénieur mécanique de profession, ne connaissait pas grand-chose à l'économie, mais c'était un homme plein de bon sens. Calmement, il a rassuré sa fille et s'est plongé dans ses manuels. Il a pris des notes en se concentrant sur les points principaux et en résumant chaque chapitre. Quand il a eu fini, il a remis ses notes à sa fille.

Elle les a lues, puis elle a repris ses manuels. Le jour de l'examen, elle était gonflée à bloc. Non seulement elle a réussi, mais elle était première de sa classe.

— Je ne sais toujours pas comment mon père a fait ! m'a-t-elle dit.

À ses yeux, c'était une performance inouïe. En réalité, son père lui avait simplement appris, par l'exemple, à se concentrer sur l'idée principale de chaque chapitre. Il lui avait ainsi remis la première clé pour libérer son potentiel – un schéma directeur à la fois clair et concis. Armée de cet outil, mon amie comprit mieux et mémorisa mieux ce qu'elle lisait.

Définir des catégories est un excellent complément à ce travail de repérage des idées centrales. En cours de science, votre enfant apprend à classer les diverses espèces du monde animal – reptiles, mammifères, poissons, oiseaux, amphibies, etc. Ce classement par famille aide votre enfant à assimiler rapidement de nouveaux éléments d'information. Le truc consiste à « nourrir » son esprit de petits morceaux faciles à absorber puis à digérer, alors que vous risqueriez de l'étouffer en le contraignant à tout ingurgiter d'un bloc.

Selon les sujets, on peut créer des groupes de différentes manières. En histoire, si votre enfant étudie une guerre, il peut classer les événements selon leur localisation, par périodes ou par pays impliqués dans le conflit. S'il étudie une langue étrangère, il peut distribuer les mots en fonction de leur valeur grammaticale: noms, adjectifs, verbes, adverbes, etc.

AUGMENTER LA PUISSANCE DE RAISONNEMENT

La puissance de raisonnement peut être améliorée par les techniques que j'appellerai « d'interrelation », qui consistent à relier les informations dont l'enfant dispose. Après avoir lu la table des matières, votre enfant peut lire le chapitre entier. Ainsi, il situera mieux les sous-éléments dans un cadre plus général. Incitez-le à ne pas considérer le matériel qu'il étudie comme une liste de faits sans lien entre eux. Au contraire, il doit s'efforcer de sérier les informations, de générer des liens logiques entre les faits nouveaux et ses connaissances antérieures.

J'ai déjà abordé dans les chapitres précédents les stratégies à déployer dans ce processus. Je vais cependant les rappeler brièvement. Aidez votre enfant à se concentrer, que ce soit par des jeux de questions-réponses ou simplement en renforçant sa confiance en ses capacités. Laissez-le marquer une pause entre chaque étape. Vérifiez à chaque fin de chapitre qu'il en a dégagé l'idée principale et qu'il est capable d'établir des analogies avec ce qu'il a appris auparavant. Il n'est pas toujours nécessaire, bien sûr, de suivre à la lettre ce cadre général. Il arrive qu'un chapitre contienne plusieurs points très importants : l'enfant peut s'arrêter quand il le désire pour en débattre avec vous. Après tout, cette initiative démontre que ses pouvoirs mentaux s'élargissent puisqu'il réfléchit de manière indépendante. Encouragez-le dans cette voie, et laissez-le décider par lui-même quelle méthode fonctionne le mieux selon le sujet.

Vous avez créé un cadre et posé des jalons. La fontaine de la connaissance peut désormais couler à flots.

18

Le génie prend des notes

La directrice m'offrait une visite guidée de l'école. Tandis que nous marchions le long des couloirs, je jetais un coup d'œil dans les salles de classe. Penchés sur leur cahier, les élèves prenaient des notes. Ce genre de scène m'émeut. J'aimerais tant fournir à tous les enfants du monde les choses essentielles à la vie – la nourriture, un toit, des vêtements, de l'amour... et une bonne éducation !

La directrice semblait partager mon état d'esprit. Plus tard, devant une tasse de thé, elle me dit :

— Je ne sais pas ce qui m'a apporté le plus de satisfaction dans l'existence : mes années d'études ou mon travail de directrice.

— Est-ce que vous arrivez à suivre personnellement chaque élève ?

— Je voudrais bien. J'interroge les professeurs sur les résultats des élèves dans chaque matière, j'essaie de noter les forces et les faiblesses de chacun. Puis je rencontre les parents pour leur faire savoir comment je peux aider les enfants qui sont en difficulté.

— Comment les aidez-vous ?

— Curieusement, mis à part les troubles affectifs et familiaux, qui nécessitent des soins particuliers, je crois que la plupart des problèmes scolaires ont un seul remède.

— Et quel est-il ?

— Prendre des notes ! répondit-elle, presque en s'excusant. Je sais, c'est un peu comme prétendre qu'un médicament est une panacée, mais je me suis aperçue qu'un enfant capable de prendre des notes correctement pouvait aborder et maîtriser n'importe quel sujet ou presque.

Ces mots ne m'ont jamais quittée. Votre enfant est peut-être un boulimique de savoir, doté d'une excellente mémoire, pourtant même un génie ne peut mémoriser tout ce qu'il lit. En fait, il se rend rapidement compte qu'il n'est pas nécessaire de tout se rappeler. Savoir prendre des notes lui permet d'assimiler les connaissances en douceur et avec efficacité.

Prendre des notes en lisant

La première étape consiste à pointer l'information principale, puis à relever les points capitaux. Ces notes font office de résumé et de pense-bête. En les prenant, l'enfant est automatiquement obligé de passer en revue son sujet. Il doit hiérarchiser les thèmes, ce qui rend plus facile la compréhension comme la mémorisation.

Il faut que votre enfant sache très vite que prendre des notes ne signifie pas copier. Car s'il se contente de recopier benoîtement ce qu'il lit, cet exercice lui sera d'une utilité médiocre. Il tirera beaucoup plus de profit à réinterpréter le texte initial. Par exemple, imaginons qu'il lise le paragraphe suivant :

« Niché au bout de la péninsule du Yucatán entre le Mexique et le Guatemala, le minuscule pays baptisé aujourd'hui Belize fut pendant plus de six siècles un centre majeur de la civilisation maya. »

S'il copie mot pour mot, le sens général lui échappera peut-être. Voici, par exemple, comment il peut tronçonner le texte et le réécrire avec ses mots :

« Belize est un tout petit pays. Il est situé au bout de la péninsule du Yucatán entre le Mexique et le Guatemala.

Autrefois, les Mayas habitaient Belize. Ils y ont vécu pendant six cents ans. »

L'enfant doit absolument se plier à cet exercice à la maison. Non seulement il retiendra mieux ce qu'il lit mais cela le préparera à la prise de notes pendant les cours, qui est plus difficile. Quand il lit, il peut toujours consulter son livre, en revanche il est presque impossible de faire répéter un cours ou un exposé oral. Certes, il peut apporter un petit magnétophone à l'école ou au lycée si le professeur l'y autorise. Mais les élèves qui ont pratiqué cette méthode l'ont jugée finalement peu efficace, car elle tend à doubler leur travail. Si le cours dure une heure, ils doivent passer autant de temps à écouter la cassette... pour ensuite prendre des notes. L'enfant perd ainsi un temps considérable.

Prendre des notes en écoutant

Un professeur parle vite et d'abondance, si bien qu'il est impossible pour l'enfant de noter tout ce qu'il dit. Mais il n'est pas obligé de le faire. Apprenez-lui à être attentif à certains points :

- Lorsque le professeur écrit quelque chose sur le tableau, cela vaut la peine de le copier. Les professeurs se servent de cette méthode pour souligner un point important.
- Le professeur consacre beaucoup de temps à un thème en particulier ? Cela signifie que c'est une information qui mérite d'être notée.
- Le professeur peut aussi revenir à plusieurs reprises sur un point précis. Si les élèves l'ont laissé passer la première fois, ils peuvent ainsi le relever.
- Le discours du professeur est parsemé d'indices. Il utilise des expressions comme « les trois causes principales... » ou « en résumé... » ou « ce qu'il faut bien comprendre

ici… » ou « le but de cette opération… » Ces astuces indiquent que ce qui va suivre est important. Le professeur marque parfois une pause avant de continuer pour permettre aux élèves de se préparer à écrire.

Vous pouvez, à la maison, jouer le rôle du professeur pour entraîner votre enfant avant les cours.

Prendre des notes dans les livres

Lorsque votre enfant emprunte un livre à la bibliothèque, il peut y chercher les mots et groupes de mots en MAJUSCULES, en **gras** ou en *italique*. Ces typographies servent souvent à mettre en valeur un point important.

Apprenez-lui à ne jamais sauter les graphiques, schémas et tableaux. Ce sont des aides extrêmement utiles qui, associées au texte, favorisent une meilleure compréhension du sujet.

Au lieu de prendre des notes, l'élève peut aussi souligner au crayon dans un livre. À condition toutefois qu'il lui appartienne ! Sinon qu'il songe aux élèves qui l'utiliseront par la suite. Si le livre est à lui, votre enfant peut procéder comme suit :

Souligner au crayon ou passer au Stabylo

Cette technique sera réservée aux idées majeures.

Ligne verticale dans la marge

Elle sera utilisée lorsque l'idée centrale occupe plus d'une ligne ou plus d'une phrase.

Astérisques

Ils peuvent servir à signaler des liens d'une page à l'autre. Par exemple, s'il y a une information sur les tortues page 1 puis de nouveau page 3, mettez un astérisque dans la marge et écrivez à côté « voir page 3 » ou « voir page 1 ».

Numérotation

Insérez dans le texte des chiffres 1, 2, 3, etc., pour indiquer une série de points à mémoriser.

Formation de mots

Votre enfant veut se rappeler les différents éléments composant une feuille d'arbre. En prenant la première lettre de chaque partie, il formera un nouveau mot. Par exemple : pétiole, limbe, apex et nervures donneront PLAN. Il peut écrire ce terme dans la marge de cette façon :

P étiole
L imbe
A pex
N ervures

Quand il en aura besoin, il pourra facilement réciter les différentes parties de la feuille en se rappelant seulement le mot PLAN.

Mots entourés

L'enfant signale ainsi les mots nouveaux dont il doit chercher la définition exacte dans le dictionnaire.

Notes dans la marge

L'enfant peut noter dans la marge les idées personnelles que sa lecture lui inspire. Ces idées originales renforceront son pouvoir de pensée créatrice. En revanche, déconseillez-lui d'écrire ici un véritable résumé car cela risque d'embrouiller la page et il n'aura plus envie de s'y replonger.

Le classeur

La plupart des parents ont tendance à acheter des cahiers classiques, mais ceux-ci ne sont pas très pratiques car ils sont reliés. Achetez plutôt un classeur et des fiches de type Bristol qui permettent à votre enfant d'inclure des schémas en regard de ses notes. Il peut aussi ajouter facilement des éléments d'information prélevés dans d'autres sources. Un cahier relié n'a pas la même souplesse d'utilisation.

Préparer ses pages de notes

Conseillez à votre enfant de préparer ses fiches avant de prendre des notes. Faites-lui tracer une ligne verticale à environ cinq centimètres du bord gauche de la feuille. Il disposera ainsi d'une marge pour résumer un paragraphe, ou pour inscrire ensuite des mots clés, des expressions, des définitions, des sous-titres ou des idées personnelles. Pendant le cours ou lorsqu'il lit, il ne doit utiliser que la partie droite de la page.

Il serait bon que votre enfant prenne l'habitude d'écrire en marquant nettement les coupures de paragraphes. Il apprendra vite quand il faut aller à la ligne. Par exemple, lorsque le professeur annonce « Maintenant intéressons-nous à... » ou « Passons à présent à... ». Ces expressions signalent le début d'un nouveau paragraphe.

Parce que le professeur parle vite, l'enfant doit noter des groupes de mots plutôt que d'essayer d'écrire les phrases entières. Il peut également recourir à des abréviations, à condition d'être capable d'en comprendre le sens quand il se relira plus tard. Par exemple :

« Lorsque la Guyane hollandaise, en Amérique du Sud, devint la République indépendante du Surinam en 1975, elle fut immédiatement frappée par une forte crise économique. »

Votre collégien peut abréger ainsi :

« Guyane hollandaise (Am. du S.) devenue Rép. ind. du Surinam en 75, frappée par crise écon. »

L'intérêt des techniques énumérées ci-dessus réside dans leur simplicité et leur efficacité. Elles donneront à votre enfant un sens de la clarté et de l'organisation. S'il a des frères et sœurs aînés, il pourra aussi leur demander s'ils ont des « trucs » pour prendre des notes. Cet exercice indispensable peut devenir une aventure excitante pour votre enfant, car il recrée le monde à travers ses efforts. Armé de ses notes, le génie ira loin !

19

Quand le génie se teste

Les notes et cahiers de votre enfant sont la chronique de son génie. Des années plus tard, lorsqu'il sera grand, et que vous les retrouverez dans une vieille malle au grenier, vous pourrez vous amuser à suivre son éclosion. Elle sera perceptible grâce à de petits signes : une écriture enfantine qui mûrit, des fautes d'orthographe ou de grammaire qui disparaissent, des tics de langage qui s'estompent, etc. Un vrai régal en perspective !

En attendant, vous devez veiller à ce que ces notes lui soient utiles. Faites en sorte qu'elles représentent pour lui à la fois une source de connaissances et de plaisir. Il sera ravi de voir son classeur s'épaissir sous ses yeux à mesure qu'il accumule le savoir. Cela le motivera. Toutefois, il faut faire attention à la qualité de l'information autant qu'à sa quantité. Encouragez votre enfant à respecter ses notes et à en apprécier la valeur : elles sont les barreaux de l'échelle qui le conduit au succès. Mais n'oubliez pas qu'elles n'ont d'intérêt que si l'on s'en sert…

Qu'il « respecte » ses notes et les fasse respecter ! J'insiste sur cette notion de respect parce que j'ai vu la facilité effarante avec laquelle les notes sont prises et échangées à l'école. De nombreux élèves se contentent de recopier le cours d'un ami, parfois avec l'aide des parents, en tout cas sans faire l'effort de comprendre ce qui est écrit. Avant une interrogation, les mêmes élèves ressortent ces notes, les apprennent par cœur et s'en vont gribouiller leur examen. C'est ainsi qu'ils apprennent peu, ou rien du tout... Quelle triste perte de temps, quelles occasions manquées de s'enrichir intellectuellement ! Malheureusement, beaucoup de parents considèrent l'éducation simplement comme le moyen d'obtenir un diplôme. Ils ne comprennent pas que leurs enfants sont souvent passés à côté de la « substantifique moelle ». Un élève à qui l'on a réussi à inculquer le goût du savoir et de l'indépendance a acquis un bagage bien plus important qu'un bout de papier ; les détenteurs de diplôme ont leur qualification en poche, mais le boulimique de savoir dispose en plus des véritables outils intellectuels qui mènent à la réussite.

Relecture immédiate des notes

Comment l'élève doit-il se servir de ses notes ? Il doit les lire de préférence très vite après le cours. Si ce n'est pas possible, il passera environ une demi-heure après l'école à les réviser, en corrigeant ou en complétant ce qui est confus. Il y parviendra d'autant plus facilement que le souvenir du cours est encore vif dans son esprit.

Auto-test

L'auto-test est une technique visant à développer le génie. Votre enfant peut se tester lui-même pour voir ce qu'il sait et ce qu'il ne sait pas. Certaines informations s'impriment aisément dans le cerveau, d'autres ont une fâcheuse tendance à se dérober. Grâce à l'auto-test, l'enfant s'assure qu'il n'oublie aucun des points importants. Il vérifie du même coup que son temps d'études est utilisé de manière efficace.

Pour l'enfant, la meilleure façon de se tester consiste à réutiliser ses notes : couvrant la partie droite de la page, il invente des questions à partir des éléments qu'il a inscrits dans la colonne de gauche (conformément à la méthode exposée plus haut). Ainsi il verra plus nettement les sections qu'il maîtrise bien et celles qu'il a besoin de relire. Par exemple, s'il étudie la Chine, le chapitre aborde certainement le pays sous différents aspects, consacrant quelques paragraphes aux villes principales, aux produits de l'agriculture, aux religions, au système politique, aux chefs d'État, etc. En regardant les notes et autres sous-titres dans la marge, l'enfant peut se demander par exemple :

Question : Quelle est la capitale de la Chine ?
Réponse : Pékin

Q. : Quelle est la nature du régime ?
R. : Une république communiste

Q. : Quand la Grande Muraille a-t-elle été construite ?
R. : Au IIIe siècle avant J.-C.

Test avancé

Les questions ci-dessus sont simples et nécessitent des réponses factuelles, mais l'enfant a besoin de cette base pour aborder des thèmes de réflexion plus complexes (que vous pouvez lui soumettre) :

— Pourquoi la Chine met-elle autant l'accent sur la production agricole ?
— Pourquoi a-t-on construit la Grande Muraille ?
— En quoi le gouvernement dicte-t-il la vie des Chinois ?

En se penchant sur ces questions, votre enfant mesure ce qu'il a réellement retenu, et surtout compris. En somme, il apprend à stimuler sa réflexion et son sens de l'analyse.

Depuis les chapitres 17 et 18, j'ai exposé en détail plusieurs points : comment créer un cadre d'études, fixer des jalons, prendre des notes et savoir les utiliser. Comme pour toute méthode nouvelle, vous aurez peut-être l'impression au début qu'il s'agit d'un travail titanesque, qui exige trop de préparation et d'organisation. Pourtant, une fois que vous aurez pris le pli, vous vous apercevrez qu'il coûte finalement moins d'efforts à votre enfant. Il passera moins de temps à étudier car il assimilera plus facilement l'information.

Un mot sur le quotient intellectuel

On s'imagine souvent qu'un génie a forcément un quotient intellectuel élevé. Vous serez peut-être surpris(e) d'apprendre que ce n'est pas entièrement vrai. Un enfant qui passe un test de Q.I. peut connaître beaucoup de choses et être le « meilleur » élève de la classe, mais bénéficie-t-il vraiment de l'amour et de la confiance nécessaires pour être à la hauteur ? Ces facteurs sont aussi importants que le savoir.

Le test de Q.I. mesure la relation entre l'âge de l'enfant et son développement mental. Un score situé entre 90 et 110 est jugé normal ou moyen. Entre 110 et 130, l'enfant est considéré comme au-dessus de la moyenne, et au-dessus de 140, on a affaire à un « génie ». Il n'est pas mauvais de soumettre votre enfant à un test d'intelligence, toutefois je m'inquiète de votre réaction lorsque vous apprendrez le résultat. Si votre enfant fait plus de 140, tant mieux, mais si par hasard il obtient un score inférieur, vous serez sans doute déçu(e). Cette déception peut entraîner diverses réactions, parmi lesquelles le découragement, le renoncement et l'expression d'une déception, voire de la colère – ce qui serait évidemment une grave erreur. Au moment de subir le test, votre enfant n'était peut-être pas en forme ou bien il se sentait stressé. Peut-être certaines questions sortaient-elles de son contexte habituel. Quoi qu'il en soit, il est sage de ne pas accorder trop d'importance au score. Ne changez pas d'attitude, ne relâchez pas vos efforts. Je ne veux pas remettre ici en cause la valeur du test de Q.I., mais sachez que votre réaction a beaucoup plus d'impact sur le potentiel de votre enfant que le chiffre affiché. Si vous mettez en œuvre les méthodes exposées dans ce livre, si votre enfant n'est soumis à aucune pression, il obtiendra sans problème un score supérieur à 140. Dans le cas contraire, il existe probablement des circonstances extérieures qu'il ne contrôle pas. Ne lui jetez jamais un mauvais résultat à la figure, vous risquez de lui saper le moral et d'écorner son image de soi. Si le Q.I. annoncé est faible, demandez-vous plutôt à quel moment vous n'avez pas rempli votre rôle. Relisez les chapitres appropriés dans ce livre et corrigez vos points faibles. Surtout n'ayez jamais une attitude négative. Le cerveau d'un génie s'épanouit dans une atmosphère positive : donnez tout ce que vous avez, ça vaut le coup !

20

Coopérer avec les professeurs

Vous avez atteint le dernier chapitre de ce livre. C'est donc que vous avez déjà engagé votre enfant sur le glorieux sentier du génie. Vous avez, je l'espère, commencé à libérer ses extraordinaires capacités créatrices, vous lui avez fixé des objectifs en ligne de mire. Bref, vous l'aidez à cultiver son appétit de savoir.

Vous vous apercevrez bientôt que tous ces exercices lui ont aussi permis de devenir un « bûcheur ». Fasciné par le monde de la connaissance, il veut pousser plus avant son exploration. Le génie bourgeonne.

Vous avez joué un rôle clé dans son développement. D'ailleurs, vous vous êtes sans doute rendu compte qu'à chaque nouvelle étape, votre soutien entraînait des changements positifs. Quand arrive le moment de l'école, tenez-vous au courant des programmes scolaires et surveillez les progrès de votre enfant. Trop de parents considèrent que, dès lors que l'enfant est pris en charge par un professeur, leur responsabilité s'achève, tout au moins en ce qui concerne l'éducation. Il n'en est rien ! Aux yeux de l'enfant, les parents resteront toujours les repères principaux dans tous les aspects de sa vie. Ils sont la source privilégiée d'où il tire l'amour, la connaissance, la confiance et l'affection. Aussi est-il naturel que vous preniez contact aussi régulièrement que possible avec son professeur. Certaines écoles proposent des journées spéciales au cours desquelles les parents peuvent rencontrer les enseignants.

Profitez de ces occasions pour manifester votre désir de coopérer de toutes les manières possibles. Plus ce type de communication sera établi, plus votre enfant sera gagnant. Le professeur le connaît en tant qu'élève et membre d'un groupe : informez-vous de ses progrès dans ces deux domaines. De votre côté, vous pouvez éclairer son maître sur ses traits de caractère et sur son potentiel. Ensemble, vous saurez offrir un soutien complet à votre génie en herbe.

Mais vous faites peut-être partie de ces parents qui hésitent à se rendre à l'école pour ce genre de démarche. Cette attitude s'explique souvent par un reste d'intimidation héritée de l'enfance. Ou bien vous craignez que le professeur ne vous trouve trop envahissants, et ne prenne vos questions pour des critiques personnelles. Pourtant, les professeurs ne sont pas aussi inaccessibles qu'on se l'imagine. Ils souhaitent avant tout que les enfants profitent au mieux de leur enseignement. À vous d'établir le contact dès le premier jour de l'école ! Plus tard, si l'enfant se passionne pour un sujet étudié, pourquoi ne pas envoyer un mot de remerciement ? Des gestes comme celui-là apportent du baume au cœur des enseignants tout en posant les bases d'une coopération efficace.

Le lien parent-enseignant est absolument vital. Si vous ne faites pas l'effort de l'entretenir, et que l'enfant est malheureux à l'école, dissipé ou carrément rebelle, la première rencontre avec le professeur se fera sur une note négative. Et votre enfant risque d'en payer les pots cassés. N'attendez pas qu'il soit trop tard !

Faites également attention à vos réactions lorsqu'un petit « drame » survient. Si votre génie rentre à la maison en larmes, essayez de ne pas paraître aussi bouleversé(e) que lui. Maîtrisez vos émotions, car il faut rester serein(e) si vous voulez avoir une chance de l'apaiser. Incitez votre enfant à vous raconter ce qui s'est passé, puis à exprimer ce qu'il a ressenti. Demandez-lui par exemple de faire un dessin ou d'écrire un petit texte. Ensuite, trouvez une activité quelconque pour lui remonter le moral. Surtout ne téléphonez pas au professeur avant d'avoir tiré la situation au clair. Une attitude calme et positive de votre part impressionnera bien plus favorablement ce dernier, qui à son tour voudra aider votre enfant. Et qui sera le bénéficiaire ? Votre enfant bien sûr.

Pour obtenir de bons résultats, essayez de respecter les étapes suivantes :

1. Restez calme. Réfléchissez aux questions que vous aimeriez poser au professeur et au besoin notez-les par écrit.
2. Téléphonez au professeur et demandez cordialement un entretien d'une quinzaine de minutes. Adoptez une attitude amicale et coopérative.
3. Lors du rendez-vous, ne montez pas sur vos grands chevaux. Vous risqueriez de placer le professeur sur la défensive. Au contraire, exposez sereinement vos éventuels griefs puis écoutez sa réponse. Il détient peut-être des informations dont vous ne disposez pas. Abordez la rencontre de manière constructive : vous œuvrez tous deux pour aplanir les difficultés de votre enfant.
4. Répondez franchement aux questions du professeur et de manière aussi complète que possible. Plus vous fournirez de renseignements, plus l'enseignant sera efficace.
5. Cherchez à comprendre ses attentes en termes de comportement dans la classe, de devoirs à la maison, et de rôle parental. Il sera sans doute capable de vous suggérer des mesures à appliquer à la maison.
6. Écoutez ses recommandations. Fort de son expérience, il pourra sans doute vous conseiller des activités éducatives extrascolaires.
7. Développez un plan d'action commun. Dans certains cas, il conviendra peut-être d'associer l'enfant à l'élaboration de ce programme.

J'aimerais illustrer ces derniers points par un incident qui s'est produit récemment avec une petite fille qui a tout du « génie ». Elle avait énormément de facilité à l'école, au point de devenir un peu vaniteuse, en tout cas très désinvolte quand il s'agissait de ses devoirs. Sa mère n'appréciait pas cette attitude arrogante et elle en a touché deux mots au professeur.

— Que dois-je faire ?

— Pardonnez-moi l'expression, mais votre fille a besoin d'un bon os à ronger. Il faut lui donner un défi à relever !

Après moult réflexions et discussions, ils ont mis au point un plan d'attaque. La petite fille fut inscrite dans une classe d'informatique, où elle réussit bien. Mais avec une différence : elle s'est aperçue qu'elle devait fournir des efforts plus conséquents pour rester à niveau. Son attitude présomptueuse a disparu, l'équilibre était retrouvé.

Ce n'est pas la fin mais le commencement

J'ai toujours vécu selon un principe qui m'a été d'un grand secours : chaque jour, chaque chose que je fais est un nouveau « commencement ». Autrement dit, la vie nous offre sans cesse de nouvelles occasions, de nouvelles possibilités. Adoptez cette pensée pour vous comme pour votre enfant. Persuadez-vous qu'il y a en vous une source intarissable, où vous pouvez puiser pour libérer son potentiel.

En rappel et en résumé, voici les dix étapes principales à suivre :

1. Semez les germes du génie

Ce n'est pas un rêve vain : vous pouvez y arriver si vous en avez envie et si vous vous en croyez capable.

2. Soyez créatif(ive)

C'est grâce à vos efforts et à votre imagination que pourra s'épanouir le génie de votre enfant.

3. Créez un environnement favorable

On se rend dans un lieu saint pour se recueillir et se sentir en paix. Faites de votre maison un sanctuaire de la connaissance.

4. Racontez des histoires

Les contes et légendes sont riches d'enseignement et de sagesse. Ne passez pas à côté de ce trésor.

5. Encouragez votre enfant à lire et à écrire

Vous ouvrez ainsi les portes du savoir à votre jeune explorateur.

6. Transformez sa vie en jeu perpétuel

Pour un enfant, tout est prétexte à jouer. Son esprit innocent est curieux de tout. Faites en sorte qu'il apprenne en s'amusant.

7. Éveillez l'ambition de votre enfant

Vous y parviendrez en lui donnant une forte image de soi. Ne le découragez jamais.

8. Sachez le motiver

Grâce à la motivation, exploitez le potentiel inné de votre enfant.

9. Maîtrisez les secrets d'un « bon » apprentissage

Avec une « bonne » compréhension et une « bonne » mémoire, votre enfant sera paré pour une vie pleine de réussites.

10. Posez des jalons

Sachez toujours pointer le chemin qui mènera votre enfant à l'estime de soi, au savoir et au génie.

Rappelez-vous enfin cette maxime pleine de sagesse : « En voulant on se trompe parfois, en ne voulant pas, on se trompe toujours. » Rien de tel que le goût de l'action et de l'entreprise ! Vous pouvez en apporter la preuve à votre enfant en pratiquant la règle des trois P : Persévérance, Patience et attitude Positive. Vous éveillerez le génie qui est en votre enfant en vous répétant toujours : JE PEUX LE FAIRE !

Armé(e) de ce credo, vous ne tarderez pas à récolter les fruits de vos efforts. Sourire aux lèvres, vous vous enfoncerez bientôt dans votre fauteuil en songeant : « Mon enfant est un génie ! »

Table des matières

Bien-être, des livres qui vous font du bien

Psychologie, santé, sexualité, vie familiale, diététique... : la collection Bien-être apporte des réponses pratiques et positives à chacun.

Psychologie

Thomas Armstrong
Sept façons d'être plus intelligent - n°7105

Jean-Luc Aubert et Christiane Doubovy
Maman, j'ai peur – Mère anxieuse, enfant anxieux? - n°7182

Anne Bacus & Christian Romain
Libérez votre créativité ! - n°7124
Murmures sur l'essentiel – Conseils de vie d'une mère à ses enfants - n°7225

Simone Barbaras
La rupture pour vivre - n°7185

Martine Barbault & Bernard Duboy
Choisir son prénom, choisir son destin - n°7129

Deirdre Boyd
Les dépendances - n°7196

Nathaniel Branden
Les six clés de la confiance en soi - n°7091
Maître de ses choix, maître de sa vie - n°7127

Sue Breton
La dépression - n°7223

Jack Canfield et Mark Victor Hansen
Bouillon de poulet pour l'âme - n°7155
Bouillon de poulet pour l'âme 2 - n°7241
Bouillon de poulet pour l'âme de la femme *(avec J.R. Hawthorne et M. Shimoff)* - n°7251
Bouillon de poulet pour l'âme au travail - n°7259

Richard Carlson
Ne vous noyez pas dans un verre d'eau - n°7183
Ne vous noyez pas dans un verre d'eau... en famille ! - n°7219
Ne vous noyez pas dans un verre d'eau... en amour ! *(avec Kristine Carlson)* - n° 7243
Ne vous noyez pas dans un verre d'eau... au travail - n° 7264

Steven Carter & Julia Sokol
Ces hommes qui ont peur d'aimer - n°7064

Chérie Carter-Scott
Dix règles pour réussir sa vie - n°7211

Loly Clerc
Je dépense, donc je suis ! - n°7107

Guy Corneau
N'y a-t-il pas d'amour heureux? - n°7157
La guérison du cœur - n°7244

Lynne Crawford
La timidité - n°7195

Christophe Fauré
Vivre le deuil au jour le jour - n°7151

Daniel Goleman
L'intelligence émotionnelle - n°7130
L'intelligence émotionnelle 2 - n°7202

Nicole Gratton
L'art de rêver - n°7172

John Gray
Les hommes viennent de Mars, les femmes viennent de Vénus - n°7133
Une nouvelle vie pour Mars et Vénus - n°7224
Mars et Vénus, les chemins de l'harmonie - n° 7233
Mars et Vénus, 365 jours d'amour - n° 7240
Les enfants viennent du paradis - n° 7261

Marie Haddou
Savoir dire non - n° 7178
Avoir confiance en soi - n° 7245
Halte au surmenage - n° 7278

James Hillman
Le code caché de votre destin - n° 7256
La force du caractère - n° 6477

Evan Imber-Black
Le poids des secrets de famille - n° 7234

Sam Keen
Être un homme - n° 7109
Aimer et être aimé - n° 7262

Barbara Killinger
Accros du boulot - n° 7116

Jean-Claude Liaudet
Dolto expliquée aux parents - n° 7206

Dr Gérard Leleu
La Mâle Peur - n° 7026
Amour et calories - n° 7139
La fidélité et le couple - n° 7226
L'intimité et le couple - n° 7260
L'écologie de l'amour - n° 7275

Christine Longaker
Trouver l'espoir face à la mort - n° 7179

Ursula Markham
Le deuil - n° 7230
Les traumatismes infantiles - n° 7231

Bernard Martino
Le bébé est une personne - n° 7094

Alan Loy McGinniss
Le pouvoir de l'optimisme - n° 7022

Pia Mellody
Vaincre la dépendance - n° 7013

Yannick Noah
Secrets, etc. - n° 7150

Robin Norwood
Ces femmes qui aiment trop – 1 - n° 7020
Ces femmes qui aiment trop – 2 - n° 7095

Armelle Oger
Et si l'on changeait de vie - n° 7258

Vera Peiffer
Soyez positifs ! - n° 7118

Xavier Pommereau
Quand l'adolescent va mal - n° 7147

Anthony Robbins
Pouvoir illimité - n° 7175

Henri Rubinstein
La dépression masquée - n° 7214

Jacques Salomé
Papa, maman, écoutez-moi vraiment - n° 7112
Apprivoiser la tendresse - n° 7134

Barbara Sher et Barbara Smith
Vous êtes doué et vous ne le savez pas - n° 7141

Elaine Sheehan
Anxiété, phobies et paniques - n° 7213

Deborah Tannen
Décidément, tu ne me comprends pas ! - n° 7083

Nita Tucker
Le grand amour pour la vie - n° 7099

Isabelle Yhuel
Mère et fille, l'amour réconcilié - n° 7161
Quand les femmes rompent - n° 7201

Rika Zaraï
Ces émotions qui guérissent - n° 7114

Santé

Joanna Bawa
Santé et ordinateur : le guide quotidien - n° 7207

Dr R. Aron-Brunetière
La beauté et les progrès de la médecine - n° 7006

Dr Martine Boëdec
L'homéopathie au quotidien - n° 7021

Dr Jacques Boulet
Se soigner par l'homéopathie - n° 7165

Julia Buckroyd
Anorexie et boulimie - n° 7191

Dr Jean-Pierre Cahané et Claire de Narbonne
Nourritures essentielles - n° 7168

Chantal Clergeaud
Un ventre plat pour la vie - n° 7136

Dr Julien Cohen-Solal
Comprendre et soigner son enfant – I - n° 7096
Comprendre et soigner son enfant – II - n° 7097

Bruno Comby
Tabac, libérez-vous ! - n° 7012

Dr Lionel Coudron
Stress, comment l'apprivoiser - n° 7027
Mieux vivre par le yoga - n° 7115

Dr J.G. Drevet & Dr C. Gallin-Martel
Bien vivre avec son dos - n° 7002

Dr David Elia
Comment rester jeune après 40 ans Version hommes - n° 7110
Comment rester jeune après 40 ans Version femmes - n° 7111
Le bonheur à 50 ans - n° 7184

Pierre Fluchaire
Bien dormir pour mieux vivre - n° 7005
Plus jamais fatigué ! - n° 7015

Dr Pierrick Hordé
Allergies, le nouveau fléau ? - n° 7248

Arthur Janov
Le corps se souvient - n° 7257

Chris Jarmey
Le shiatsu - n° 7242

Claudie Lepage
Le nouvel âge d'or de la femme - n° 7274

Henri Loo & Henri Cuche
Je suis déprimé mais je me soigne - n° 7009

Dr E. Maury
La médecine par le vin - n° 7016

Maurice Mességué
C'est la nature qui a raison - n° 7028

Dr Sylvain Mimoun
Des maux pour le dire - n° 7135

Stewart Mitchell
Initiation au massage - n° 7119

Peter Mole
L'acupuncture - n° 7189

Paule Neyrat
Les vertus des aliments - n° 7265

Lionelle Nugon-Baudon
Maisons toxiques - n° 7229

Pierre Pallardy
Les chemins du bien-être - n° 7001
La forme naturelle - n° 7007
Le droit au plaisir - n° 7063

Jean-Louis Pasteur
Toutes les vitamines pour vivre sans médicaments - n° 7081

Jean-Yves Pecollo
La sophrologie - n° 3314
La sophrologie au quotidien - n° 7101

Vicki Pitman
La phytothérapie - n° 7212

Josette et Vincent Rousselet-Blanc
Les remèdes de grands-mères - n° 7272

Dr Hubert Sacksick
Les hormones - n° 7205

Jon Sandifer
L'acupression - n° 7204

Debbie Shapiro
L'intelligence du corps - n° 7208

Sidra Shaukat
La beauté au naturel - n° 7222

Dr Bernie S. Siegel
Vivre la maladie - n° 7131

Rochelle Simmons
Le stress - n° 7190

Dr Nadia Volf

Vos mains sont votre premier médecin - n° 7103

Andrew Weil

Le corps médecin - n° 7210
Huit semaines pour retrouver une bonne santé - n° 7193
Le guide essentiel de la diététique et de la santé - n° 7269

Diététique

Agnès Beaudemont-Dubus

La cuisine de la femme pressée - n° 7017

Marie Binet & Roseline Jadfard

Trois assiettes et un bébé - n° 7113

Dr Alain Bondil & Marion Kaplan

Votre alimentation - n° 7010
L'alimentation de la femme enceinte et de l'enfant - n° 7089
L'âge d'or de votre corps - n° 7108

André Burckel

Les bienfaits du régime crétois - n° 7247

Dr Jean-Michel Cohen

Savoir maigrir - n° 7266

Sonia Dubois

Maigrissons ensemble ! - n° 7120
Restons minces ensemble ! - n° 7187

Dr Pierre Dukan

Je ne sais pas maigrir - n° 7246

Annie Hubert

Pourquoi les Eskimos n'ont pas de cholestérol - n° 7125

Dr Catherine Kousmine

Sauvez votre corps ! - n° 7029

Marianne Leconte

Maigrir - Le nouveau bon sens - n° 7221

Colette Lefort

Maigrir à volonté - n° 7003

Michelle Joy Levine

Le choix de la minceur - n° 7267

Michel Montignac

Je mange donc je maigris... et je reste mince ! - n° 7030
Recettes et menus Montignac - n° 7079
Comment maigrir en faisant des repas d'affaires - n° 7090
La méthode Montignac Spécial Femme - n° 7104
Mettez un turbo dans votre assiette - n° 7117
Je cuisine Montignac - n° 7121
Restez jeune en mangeant mieux - n° 7137
Recettes et menus Montignac (2) - n° 7164
Boire du vin pour rester en bonne santé - n° 7188

Lionelle Nugon-Baudon

Toxic-bouffe Le dico - n° 7216

Philippe Peltriaux et Monique Cabré

Maigrir avec la méthode Peltriaux - n° 7156

Nathalie Simon

Mangez beau, mangez forme - n° 7126

Thierry Souccar

La révolution des vitamines - n° 7138

Sexualité

Dr Éric Dietrich & Dr Patrice Cudicio

Harmonie et sexualité du couple - n° 7061

Régine Dumay

Comment bien faire l'amour à une femme - n° 7227
Comment bien faire l'amour à un homme - n° 7239

Céline Gérent

Savoir vivre sa sexualité - n° 7014

Françoise Goupil-Rousseau

Sexualité : réponses aux vraies questions des femmes - n° 7025

John Gray

Mars et Vénus sous la couette - n° 7194

Barbara Keesling

Comment faire l'amour toute la nuit - n° 7140

Le plaisir sexuel - n° 7170

Brigitte Lahaie

Les chemins du mieux-aimer - n° 7128

Dr Gérard Leleu

Le traité des caresses - n° 7004

Le traité du plaisir - n° 7093

Le traité du désir - n° 7176

Dagmar O'Connor

Comment faire l'amour à la même personne... pour le reste de votre vie - n° 7102

Jean Paccalin

Une pilule nommée désir - n° 7180

Isabelle Yhuel

Les femmes et leur plaisir - n° 7268

Vie familiale

Edwige Antier

J'aide mon enfant à se concentrer - n° 7232

L'enfant de l'Autre - n° 7250

Éloge des mères - n° 7283

Etty Buzyn

Papa, maman, laissez-moi le temps de rêver - n° 7132

Béatrice Cakiroglu

Les droits du couple - n° 7018

Roberta Cava

Réussir et être heureuse au travail - n° 7082

Françoise Civeyrel

Consommez bien. Dépensez mieux - n° 7098

Dr Julien Cohen-Solal

Être heureux à l'école ? - n° 7173

Les deux premières années de la vie - n° 7203

Carolyn et Philip A. Pape Cowan

1+1 = 3 - n° 7065

Shakuntala Devi

Éveillez le génie qui est en votre enfant - n° 7277

Brian A. Grosman avec Allan Reznik

Protégez votre emploi - n° 7085

Brigitte Hemmerlin

Maman Solo - n° 7100

Harry Ifergan et Rica Etienne

6-12 ans, l'âge incertain - n° 6478

Mais qu'est-ce qu'il a dans la tête ? - n° 7271

Vicki Iovine

Grossesse, le guide des copines - n° 7176

Hélène de Leersnyder

Laissez-les faire des bêtises - n° 7106

Gerry Marino & Francine Fortier

La nouvelle famille - n° 7122

Anne-Marie Mouton

500 conseils pour réussir votre grossesse - n° 7023

Heather Noah

S'épanouir en attendant bébé - n° 7252

Jocelyne de Rotrou

La mémoire en pleine forme - n°7087

Nancy Samalin

Savoir l'entendre, savoir l'aimer - n° 7062

Conflits parents-enfants - n° 7198

Dr Marie Thirion

Les compétences du nouveau-né - n° 7123

Chantal de Truchis-Leneveu

L'éveil de votre enfant - n° 7146

Marie-France Vigor

Enfants : comment répondre à leurs questions ! - n° 7011

Cuisine

Paul Bocuse

Bocuse dans votre cuisine - n° 7145

Jean-Pierre Coffe
Comme à la maison (1) - n°7148
Le marché - n°7154
Au bonheur des fruits - n°7163
Comme à la maison (2) - n°7177

Christine Ferber
Mes confitures *(édition augmentée)* - n°6162
Mes tartes sucrées et salées - n°7186
Mes aigres-doux, terrines et pâtés - n°7237

Nadira Hefied
130 recettes traditionnelles du Maghreb - n°7174

Peta Mathias
Fêtes gourmandes - n°720

Christian Parra
Mon cochon de la tête aux pieds - n°7238

Jean-Noël Rio
Je ne sais pas cuisiner - n°7273

Marie Rouanet
Petit traité romanesque de cuisine - n°7159

Denise Verhoye
Les recettes de Mamie - n°7209

Harmonies

Karen Christensen
La maison écologique - n°7152

Karen Kingston
L'harmonie de la maison par le Feng Shui - n°7158

Marjorie Harris
Un jardin pour l'âme - n°7149

Philip Martin
La voie zen pour vaincre la dépression - n°7263

Jane Thurnell-Read
Les harmonies magnétiques - n°7228

Jean Vernette
Les nouvelles thérapies - n°7220

Richard Webster
Le Feng Shui au quotidien - n°7254

Christine Wildwood
L'aromathérapie - n°7192

Paul Wilson
Le principe du calme - n°7249
Le grand livre du calme – La méthode - n°7249
Le grand livre du calme au travail - n° 7276

Nature

John Fisher
Comprendre et soigner son chien - n°7160

Daniel Gélin
Le jardin facile - n°7143

Louis Giordano
Aux jardiniers débutants 500 conseils et astuces - n°7215

Jean-Marie Pelt
Des fruits - n°7169
Des légumes - n°7217

Roger Tabor
Comprendre son chat - n°7153

Loisirs

Sonia Dubois & Marielle Couësmes
La couture - n°7144

Bienêtre

7277

Composition Chesteroc International Graphics
Achevé d'imprimer en France (Manchecourt)
par Maury-Eurolivres
le 25 novembre 2004.
Dépôt légal novembre 2004. ISBN 2-290-32664-X
1er dépôt légal dans la collection : août 2003

Éditions J'ai lu
84, rue de Grenelle, 75007 Paris
Diffusion France et étranger : Flammarion